100

| 한국장로교총회창립 100주년기념 표준주석 |

아가

대한예수교장로회총회교육자원부 편

한국장로교출판사

| 한국장로교총회창립 100주년기념 표준주석 |

아 가

초판인쇄 2013년 6월 7일
초판발행 2013년 6월 17일

기획·편찬 표준주석편찬위원회 이종윤
편 집 인 대한예수교장로회총회교육자원부
발 행 인 채형욱
발 행 소 한국장로교출판사
주 소 110-470 / 서울 종로구 연지동 135 한국교회100주년기념관 별관
전 화 (02)741-4381 / 팩스 741-7886
영 업 국 (031)944-4340 / 팩스 944-2623
등 록 No. 1-84(1951. 8. 3.)

ISBN 978-89-398-0436-4 / 978-89-398-0434-0(세트)
Printed in Korea

값 11,000원

발간사

본 주석서는 대한예수교장로회총회의 신앙과 신학 이념을 따라 평신도와 신학생, 목회자와 신학 교수들이 성경을 바르게 이해하도록 도움을 주는 데 그 목적이 있다.

대한예수교장로회 교단은 1934년 희년에 즈음하여 성경전서 주석의 간행을 총회에서 결의한 바 있다. 그리하여 1937년부터 총회표준주석(1937년, 「욥기」, 「시편」, 「잠언」, 「전도서」, 「아가」; 1939년, 「로마서」, 「고린도전 · 후서」, 「갈라디아서」)이 간행되기 시작하였다. 그러나 제2차 세계대전의 발발과 일제 강점기의 한국교회 탄압으로 주석 발간 사업은 일시 중단되었다. 1945년, 해방은 되었으나 38선으로 남북이 분열되고, 1950년 6 · 25한국전쟁의 비극을 겪어야 했다. 1953년, 휴전된 후 총회표준주석 사업이 재개되어 1954~1957년(1954년, 「이사야」; 1955년, 「요한복음」; 1956년, 「창세기」; 1957년, 「레위기」, 「민수기」)에 출판이 있었으나, 1959년에 교단의 분열로 오늘에 이르기까지 총회표준주석 사업은 불가한 형편이었다.

대한예수교장로회 제90회기(2005) 총회는 총회창립 100주년(2012)기념 사업의 일환으로 교단 신학의 정체성 확립과 한국장로교회의 신학적 표준을 제시할 총회표준주석을 출판하기로 결의하고, 총회 산하 신구약성경 신학자들에게 집필을 위촉하게 되었다.

2005년 12월 한국장로교총회창립 100주년기념 표준주석편찬위원회가 조직된 후 집필 원칙을 정하고 집필자를 선정하여, 그 원칙에 충실할 것을 서약하게 하였다. 지난 7년 동안 집필자들의 깊은 기도와 연구의 산고 끝에 이제 그 실체가 드러나 장로교 총회표준주석이 출판되었다. 편찬위원회는 수차례 모임을 갖고 50여 명에 이르는 많은 집필자들을 격려하고 집필 목적과 방향 제시를 수시로 하여 주석서의 통일성과 진정성을 유지하게 하였다. 집필된 원고가 제출된 경우, 검독위원회가 총회의 신학과 신앙에 맞는 주석을 출판하기 위해 내용을 수정 또는 추가할 것을 요청하기도 하였다.

이 주석서가 빛을 보기까지 집필자는 물론이고, 총회교육자원부 김치성 총무와 한국장로교출판사의 수고가 있었고, 전국 교회들의 기도 지원이 있었다. 무엇보다도 출판비 및 연구비 전액을 이름 없이 지원해 준 교회가 있었다. 이에 독자 여러분과 함께 하나님께 찬양을 드리며, 이 일에 헌신하신 분들께 감사를 드린다.

유사 이래 성경보다 더 긴 세월 동안 연구되고 읽혀진 책은 없다. 그렇기 때문에 해석 방법도 시대와 지역에 따라 다양하게 나타났다. 에스라 시대까지 거슬러 올라가서 사용된 미드라쉬(Midrash) 주해 방법부터 시작하여 중세의 종교개혁자들과 현대 비평주의자들의 해석 방법 등 수많은 해석학적 이해가 있어 왔고, 여러 언어로 번역되어 하나님의 말씀인 성경은 읽혀졌다. 그러나 하나님의 말씀은 (해석자들이나 번역자들에게) 매이지 않는다(딤후 2 : 9). 성경 주석가와 번역자들은 자기 시대와 문화 속에서 어떤 전제(presupposition)를 갖고 성경을 읽기 때문에 언제나 해석의 한계가 있음을 인정할 수밖에 없다. 그런 의미에서 본 주석서도 예외는 아닐 것이다. 그럼에도 불구하고 본서는 그 한계를 최소화시키기 위해 다양한 신학적 입장, 다른 해석들, 교회사적 해석들, 지리적 상황을 포함하려고 노력했다.

우리의 전제는 신구약성경 66권이 하나님의 영감으로 특별 계시된 말씀이라는 대한예수교장로회의 신앙고백을 준거(準據)로 했다. 그러므로 본서는 집필자 자신의 신앙고백과 신학도 내포되었지만, 그보다 총회의 신앙과 신학의 표준적 입장에서 성경을 주석한 것이다. 즉, 사도신경, 웨스트민스터신앙고백서, 장로교신앙고백을 따르는 개혁주의신학과 신앙 전통을 따른 것이다.

집필을 하는 데 있어서 학문적 깊이를 외면할 수는 없으나 목회자나 평신도가 성경을 이해하는 데 도움을 주기 위해 설교를 위한 묵상을 삽입하기도 하였다. 그러나 각 권의 기록자, 기록 연대, 문학적 특징, 책의 목적 등을 설명하는 개론적 연구를 할 때에는 그것이 학문적 연구에 꼭 필요하다고 여겨지는 경우에 한하여 최근 많은 성경학자들이 사용하는 비평적 방법도 가설(假說)로는 소개하였으나 결론은 따르지 않았다. 그것이 교회의 신앙적 지도를 위한 적절한 방법은 아니기 때문이다.

영감으로 된 하나님의 말씀인 성경의 해석은 성령의 조명이 가장 중요한 조건이다. 따라서 본서의 집필자들은 종교개혁자들이 채택했던 문법적, 역사적, 신학적 원리를 주된 해석 방법으로 채택하고, 기도하면서 하나님의 계시된 말씀의 원의를 알기 쉽게 해석하려고 힘썼다. 외래어 사용은 가급적 줄이되 히브리어나 헬라어와 같은 원어를 반드시 읽어야 할 경우에는 음역화해서 누구나 원어의 발음으로 읽게 했다. 각주(脚註)도 가급적 줄이되 문장 뒤에 참고로 넣었다. 또한 각 절이 아닌 단락별로 주해를 하여 전체적 파악을 도왔다.

주석 앞에는 대한성서공회가 출판한 개역개정 성경(4판)을 단락별로 제시했다. 히브리어 성경은 BHS(Biblia Hebraica Stuttgartensia)를, 헬라어 성경은 United Bible Societies가 출판한 The Greek New Testament(4thed)를 각각 원문으로 채택하여 사용하였다. 특히 개역개정 성경의 번역에 대한 문제가 있다는 의견을 총회가 받아들여 본 편찬위원회에 수정 의뢰를 하였고,

집필자들이 원문을 바로 번역하여 대한성서공회에 제시함으로 수시 교정 제도를 따라 수정하도록 했다.

우리의 생명이시며 찬양의 대상이 되신 우리 주 예수 그리스도를 계시하시고, 하나님의 공의와 사랑을 그의 십자가를 통하여 실현시켜 우리를 구원하신 하나님의 깊은 뜻을 알게 해 주는 신구약성경을 더 많은 사람들이 더 깊이, 더 분명하게 이해하고, 믿게 하기 위하여 대한예수교장로회총회 창립 100주년을 기하여 한국 교회와 세계 교회 앞에 겸손한 자세로 이 주석을 내어 놓는다.

"내가 온 것은 양으로 생명을 얻게 하고 더 풍성히 얻게 하려는 것이라" (요 10 : 10b).

Soli Deo Gloria!

한국장로교총회창립 100주년기념

표준주석편찬위원회

위원장 **이 종 윤**

추천사 1

할렐루야! 2012년은 대한예수교장로회(통합)총회가 창립 100주년을 맞이하는 해입니다. 총회가 창립된 이후 1세기가 지난 지금까지 우리 한국 교회를 세계가 주목할 만큼 눈부시게 성장할 수 있도록 도와주신 에벤에셀의 하나님께 모든 찬송과 영광과 감사를 드립니다.

이와 같은 한국 교회의 놀라운 부흥 가운데서도 마음 한구석에 늘 안타까움이 자리하고 있었는데, 그것은 바로 우리 한국 교회만의 권위 있는 주석이 없다는 사실이었습니다. 현재 목회현장에서 사용되는 우리말 주석들은 대부분 오래되었거나 현대의 한국 교회 상황에 맞지 않는 서구 교회의 해석, 또는 성서학 전문가들의 주석이 아닌 짜깁기식 주석이 대다수를 차지합니다.

이러한 현실 가운데 이번 총회창립 100주년기념사업의 일환으로 본 교단에서 「한국장로교총회창립 100주년기념 표준주석」을 출간하기로 결의하고, 주석서를 출간하게 된 것은 대단히 자랑스럽고 의미 있는 일이 아닐 수 없습니다.

이번 「표준주석」의 출판으로 한국 교회는 이전보다 더욱 '개혁주의 신학과 신앙 전통'을 따르는 성경 해석의 기초를 확립하게 될 것이며, 많은 목회자들이 이 주석서를 통해 하나님의 말씀에 중심을 둔 목회를 실천할 수 있을 것으로 기대합니다. 더 나아가 이 「표준주석」은 한국 교회의 신앙을 더욱 견고히 하는 성경 해석의 표본이 될 것입니다.

아무쪼록 이번 「표준주석」 출간을 계기로 우리 한국 교회가 당면한 갖가지 위기를 극복하고 더욱 하나님 말씀으로 충만하여, 평화통일은 물론 주님의 지상명령인 땅끝까지 복음을 전하는 사명을 보다 잘 감당하는 교회로 거듭나게 되기를 기대하며, 한국의 모든 교회와 성도님들께 자랑스럽게 이 주석서를 추천하는 바입니다. 샬롬!

장로회신학대학교

전 총장 **장 영 일**

추천사 2

「한국장로교총회창립 100주년기념 표준주석」의 발간을 축하합니다. 한국 교회 역사에서 중요한 자리를 차지하고 있는 「총회표준주석」은 한국 교회에 큰 영향을 끼친 박윤선 박사님께서 박형룡 박사님을 도와 「표준주석」의 고린도후서 주석 집필에 참여하면서 평생을 주석 집필에 헌신하게 했던 뜻깊은 주석이었습니다.

그러나 그동안 중단되었던 표준주석 사업을 재개함에 있어 편집위원장 이종윤 목사님이 밝힌 대로 성경이 성령으로 영감된 정확 무오한 하나님의 말씀이라는 분명한 신앙고백 위에 집필토록 하였다는 편집 원칙을 통해 「표준주석」의 맥을 잇고자 하는 의지를 보여 줍니다.

이런 맥락에서 비평적 성서연구가 교회의 신앙적 지도에 적합하지 않다는 인식을 가지고 전통적인 개혁주의 해석 방법을 채택할 뿐만 아니라 복음적이고 목회적인 관심을 드러낸 점도 환영할 만한 일입니다. 또한 성경 자체에 대한 전문적인 지식뿐만 아니라 한국 교회와 성도를 체험적으로 알고 있는 성경학자들이 오랜 기도와 연구 끝에 발간하였다는 점도 높이 사고 싶습니다.

아무쪼록 본서가 많은 이들에게 풍성하고 깊이 있는 신학적 성찰을 제공하는 귀한 책이 되길 소망합니다.

합동신학대학원대학교
총장 **성 주 진**

아 가

차 례

제 I 부

서 론

아 가

A. 책의 명칭
B. 저자
C. 저작 연대
D. 히브리어 본문 및 사본들
E. 정경적 지위
F. 아가에 대한 다양한 해석들
G. 아가와 고대 근동의 사랑 노래들
H. 구조적 통일성
I . 아가의 구조

서 론

A. 책의 명칭

개역성경의 아가(雅歌)라는 명칭은 '아름다운 노래'를 가리킨다. 히브리어로는 שִׁיר הַשִּׁירִים(쉬르 하쉬림), 이를 직역하면 '노래들 중의 노래'가 되지만, 히브리어 표현방법상 이것은 "최고의 노래, 가장 아름다운 노래"를 뜻한다. 독일어 성경에서는 아가를 Das Hohelied(호헤리이드, 최고의 노래)라고 불러서 이 책의 히브리어 제목의 의미를 정확하게 전달하고 있다. 이러한 제목은 어떻게 생각하면 현재 우리에게 알려져 있지는 않지만 이와 비슷한 장르의 히브리어 사랑노래가 여럿 존재하였음을 암시해 준다고 볼 수 있다.

아가는 구약성경에서 성문서에 속하고, 그 중에서도 다섯 권의 축제 두루마리(므길로트)들 중의 하나이다. 아가는 유월절 8일째에 낭독되곤 하였는데 이는 아마도 아가가 출애굽과 관련이 있는 것으로 여겨졌기 때문일 것이다.

히브리어 성경에서 아가는 잠언, 룻기 다음에 위치한다. 이러한 배열은 의도적인 것일 수도 있다. 왜냐하면 잠언 마지막장 31장은 현숙한 여인에 대하여 말하고 있는데 잠언 바로 뒤에 나오는 룻기와 아가 모두 그러한 여성상을 제시하고 있기 때문이다. 개신교 성경에는 잠언, 전도서, 아가의 순으로 배열되어 있는데 이는 전통적으로 솔로몬이 지은 책들을 한 데 묶기 위한 것으로 보인다.

B. 저 자

개역성경의 아가 첫 구절은 "솔로몬의 아가라"로 시작하고 있다. 여기에서 '솔로몬의'로 번역된 히브리어는 לִשְׁלֹמֹה(리쉴로모)이다. 이 말이 솔로몬이 이 책의 저자임을 밝히는 것인가? 여기에 사용된 히브리어 전치사 לְ(르)가 꼭 저자를 가리키는 것은 아니다. '솔로몬에게' 바쳐진 책으로 이해할 수도 있으며, '솔로몬이 소유한' 책으로 이해할 수도 있고, 또한 '솔로몬에 관한' 책으로 이해할 수도 있다. 그럼에도 불구하고 전통적으로 아가의 저자는 솔로몬이라고 여겨져 왔다.

솔로몬 저작설을 지지하는 사람들은 4 : 13~14에 각종 향신료들이 언급된다는 사실에 주목한다. 즉, 이는 솔로몬 시대의 국제교역과 부를 보여 주는 것이라고 말이다. 또한 열왕기상 4 : 29~34을 보면 솔로몬은 매우 지혜로운 사람으로 묘사될 뿐만 아니라 그는 잠언 삼천 가지를 말하였고, 천 다섯 편의 노래를 지었다고 기록되어 있다. 그러므로 아가에 있는 노래들도 그가 지은 것임을 의심할 이유가 없다는 것이다.

그 반면에 아가의 저자가 솔로몬임을 인정하지 않는 사람들은 다음의 사항들을 지적한다. 우선 아가에 등장하는 연인들은 신뢰를 바탕으로 서로에 대해 절대적인 사랑을 노래하는 자들이다. 그러나 솔로몬은 수많은 부인들과 첩들을 거느렸던 왕이다. 아가에서 말하는 것과 같이 한 여자만을 사랑하는 인물은 못 된다.

또 주목할 만한 내용은 아가에서 솔로몬이 차지하는 비중이 거의 없다는 것이다. 솔로몬은 3 : 6~11에 언급되고 있는데, 여기에서 말하고자 하는 주제는 솔로몬의 혼인이지 솔로몬 자신이 아니다. 또한 8 : 11~12에도 역시 솔로몬이 등장하는데 여기에서 솔로몬은 조롱의 대상이 되고 있다. 적어도 이 부분의 저자는 솔로몬으로 보기 어렵다는 것이다.

사실 솔로몬은 아가에 수록된 노래들의 화자로 등장하지 않는다. 이 노래를 부르는 연인들은 솔로몬이 아닌 이름 없는 남녀들이다. 솔로몬의 이름은 제삼자로 언급되고 있을 뿐이다. 그러므로 솔로몬이 이 노래들의 저자라고 보기는 힘들다. 그럼에도 불구하고 솔로몬의 이름이 언급된다는 사실 때문에 그를 아가의 저자로 연관지어 생각하는 경향이 생겼을 것이다.

아가 이외에 잠언과 전도서도 솔로몬이 이 책들의 저자라고 밝히고 있다. 하지만 오늘날 대부분의 학자들은 잠언이나 전도서 모두 한 사람의 작품이 아니라 여러 단계에 걸쳐서 수집되고 편집된 모음집이라고 보고 있다. 이렇게 지혜문학 작품들의 저작권을 솔로몬에게 돌리는 것은 솔로몬을 지혜롭고 위대한 왕으로 생각하던 전통 때문일 것이다.

C. 저작 연대

만일 솔로몬이 아가의 저자라는 주장을 받아들인다면 이 책의 저작 연대는 주전 10세기로 분명해진다. 하지만 시편에 수록된 대부분의 시들과 마찬가지로 아가의 저자가 누구인지가 분명하지 않은 만큼 이 책의 저작 연대를 밝히는 것은 매우 어렵다. 물론 아가에 있는 노래들 가운데 일부가 실제로 솔로몬이 불렀던 노래, 아니면 솔로몬 시대로부터 기원하여 구전을 거쳐 전승되다가 후대에 와서 기록되었을 가능성을 배제할 수는 없다. 그렇다고 하더라도 현재 마소라 본문에 전수된 아가 노래들의 히브리어 철자를 보면 구약성경에서 가장 오래된 시가들인 창세기 49장, 출애굽기 15장, 민수기 24장, 신명기 33장, 사사기 5장, 시편 68편 등에 나타나는 주전 10세기의 옛 철자법의 용례들을 찾아볼 수 없다. 오히려 아가 4 : 13에 파르데스(동산)라는 단어가 나오는데 이는 페르시아어에서 유래한 단어이며, 또한 3 : 9에 있는 아피르욘이라는 단어는 그리스어 포레이온을 반영하는 단어로 여겨진다. 이러한 단어들의 등장은 아가의 기록 연대를 포로기 이후로 끌어내릴 수밖에 없게 만든다는 것이 많은 학자들의 생각이다. 그러나 얼핏 생각하면 그럴 듯하지만 그렇게 쉽게 결론내릴 수 있는 문제는 아니다. 아가의 일부는 정말로 솔로몬으로부터 기원했지만 후대의 편집과정에서 파르데스라는 단어를 포함한 4 : 13이 추가되었을 수도 있기 때문이다.

한편 6 : 4에 '디르사'라는 지명이 언급되는데 디르사는 주전 9세기 오므리가 사마리아를 수도로 건설하기까지 북왕국 이스라엘의 수도였다. 일부 학자들은 디르사가 아가에 언급된다는 사실을 근거로 아가가 기록된 연대는 디르사가 북왕국의 수도역할을 하던 주전 9세기 이전으로 봐야 한다고 주장하기도 한다. 그러나 머피(Murphy)가 지적하듯이 디르사라는 지명이 선택된 것은 이 이름이 히브리어로 '기쁨'을 나타내는 어근 רצה(라차)를 연상시키기 때문일 것이다(R. E. Murphy, *The Song of Songs*, 1990, p. 4). 이는 일종의 시적 표현방식인 것이다. 그러므로 디르사라는 지명이 언급된다는 사실을 근거로 아가의 기록 연대를 이스라엘 왕조 초기로 보는 것은 무리가 있다.

아가의 연대 문제를 언어학적으로 접근하는 방법이 비교적 객관적인 결과를 가져올 것이라고 예측하기 쉽지만 꼭 그렇지만도 않은 것이 현실이다. 일부 학자들은 아가에 사용된 것과 유사한 용어 및 표현들이 청동기 시대 가나안 문화권의 대표적인 도시국가였던 우가릿 문헌에서도 발견된다는 사실을 지적한다. 이는 아가에 있는 노래들이 이스라엘 역사에서 비교적 초기로부터 기원했음을 보여 준다(William F. Albright, "Archaic Survivals in the Text of Canticles," 1963, pp. 1-7).

반면에 팍스(Michael V. Fox, *The Song of Songs and the Ancient Egyptian Love Songs*, 1985, pp. 186-190)는 아가를 기록한 히브리어가 유대교 문헌인 미쉬나에 사용된 히브리어와 매우 유사하다는 사실을 발견하였다. 또한 아가에는 구약성경 히브리어에서 관계사로 흔히 사용되는 אֲשֶׁר(아쉐르) 대신 שֶׁ(쉐)가 사용되고 있는데, 이 또한 아가의 히브리어가 후대의 것임을 보여 주는 증거라는 것이 팍스의 주장이다. 그리고 아가에는 아람어의 영향을 보여 주는 단어들이 많이 존재하는데 아람어의 영향을 많이 받은 전도서, 에스더 같은 다른 책들이 모두 후기의 것이라는 사실도 주목할 만하다. 이처럼 언어학적인 연구도 아가의 연대에 대해 상반된 결과를 보여 주고 있다.

그러므로 구약성경의 많은 시가들과 마찬가지로 아가의 기록 연대를 정확하게 말하기는 사실상 불가능하다고 보아야 한다. 고디스(R. Gordis, *The Song of Songs : A Study, Modern Translation, and Commentary*, 1954, p. 23f)의 견해처럼 아가의 상당 부분은 솔로몬 시대로부터 포로기 이전 시대까지의 시기로부터 기원했으나 최종 편집 작업이 이루어진 것은 포로기 이후라고 보는 것이 아가에 나타나는 여러 증거들을 가장 잘 설명할 수 있는 길일 것이다.

D. 히브리어 본문 및 사본들

마소라 본문의 아가는 6 : 12, 7 : 9[히브리어 10절]과 같은 일부 구절들을 제외하고는 비교적 보존 상태가 좋다. 그러나 아가에는 구약성경에 단 한 번만 등장하는 단어들이 많고, 그 의미가 불확실한 단어들도 상당수여서 아가는 구약성경에서 번역하기가 상당히 어려운 책으로 알려져 있다. 또한 이 책에 사용된 히브리어 언어유희, 어순의 변화, 유사한 음운을 통한 표현 등 여러 시적 기교들을 타 언어로 제대로 전달하기는 거의 불가능하다.

주요 사본들로는 그리스어, 시리아어, 라틴어, 아람어 사본들이 있으며, 쿰란 동굴들에서 나온 문헌들 중에서도 아가의 일부분이 기록된 사본 네 개가 발견되었다. 이 사본들과 마소라 본문 사이에 아주 중요한 차이점은 별로 나타나지 않는다. 사본들의 내용을 근거로 보았을 때 한 개 이상의 아가의 교정본이나 편집본이 있었을 가능성은 거의 없다고 할 수 있다.

E. 정경적 지위

남녀의 성애를 다룬 세속적 성격을 지닌 노래가 어떻게 거룩한 정경에 포함될 수 있었을까? 주후 1, 2세기의 모든 유대교 학자들이 아가를 거룩한 문서로 보았던 것은 아니었다. 일부 유대교 공동체에서는 아가를 연회 때 즐기기 위한 노래로 부르기도 했었음을 암시하는 증거들이 있다. 아가는 구약성경에서 잠언, 전도서, 에스겔, 에스더와 함께 정경이 되는 과정에서 많은 진통이 있었던 책으로 알려져 있다. 그럼에도 불구하고 아가의 정경적 지위는 2세기 초에 이미 확립되었던 것으로 보인다. 아퀼라, 멜리토, 터툴리안 같은 주후 2세기 교부들의 정경에도 아가가 포함되어 있었고, 요세푸스의 기록에도 아가가 정경으로 인정된 것으로 암시되어 있다. 특히 권위 있는 랍비 아키바(Aqiba)는 아가에 대해서 다음과 같이 말했다. “모든 성문서의 책들은 거룩하다. 하지만 아가는 그 중에서 가장 거룩한 지성소이다.” 물론 랍비 아키바의 말은 아가의 권위를 의심하던 랍비 요세(Yose)의 견해를 반박하기 위한 것이었기 때문에 아가의 권위를 지나치게 강조한 면이 없지 않다. 그렇다 하더라도 위대한 랍비 아키바가 아가를 인정함으로써 아가는 그 정경적 권위를 분명히 확립하였을 것이다.

아가가 정경에 포함된 이유는 분명하지 않다. 아마도 솔로몬이 아가의 저자로 여겨진 것도 영향을 미쳤을 것이고, 아가를 단순한 세속적인 남녀 간의 사랑 노래가 아닌 하나님과 그의 백성들, 또는 그리스도와 교회 사이의 사랑에 대한 알레고리로 본 해석 덕분일 수도 있다. 하지만 솔로몬의 지혜서와 같이 솔로몬의 저작으로 주장되던 일부 책들은 정경으로 받아들여지지 못했다는 사실도 기억해야 한다.

많은 사람들은 성경에 남녀 간의 사랑 노래가 들어 있다는 사실에 대해 놀라지만, 필자는 남녀 간의 사랑을 노래한 아가가 정경에 포함된 데에는 나름대로의 하나님의 섭리가 작용했다고 생각한다. 성경은 남녀 간의 사랑을 부정적으로 보지 않는다. 하나님께서 세상을 만드실 때부터 남자와 여자가 육체적으로 한 몸을 이루는 것은 하나님의 뜻이었다. 또한 허락된 관계 안에서의 남녀의 성과 사랑은 하나님의 선물이며, 이는 생육하고 번성하라는 하나님의 명령을 실현해 나갈 생물학적 방법인 동시에 이 땅에 하나님의 나라를 이루어 나갈 영적 존재들로서 서로 간의 수평적 교제와 나눔, 섬김을 실현하는 가장 기본적이고 가장 친밀한 방식이다.

모든 종류의 참된 사랑은 사랑이신 하나님에게서 온 것이다. 남녀 간의 고귀하고 아름다운 사랑은 우리를 향한 하나님의 사랑을 반영하는 것이며, 사랑의 근원이신 하나님의 사랑이 인간 안에 내재되어 발현되는 것이라고 볼 수 있다. 그러한 관점에서 볼 때 우리는 기독교 정경에 아가가 포함되어 있다는 사실에서 남녀 간의 사랑에 대한 하나님의 긍정을 발견할 수 있다.

F. 아가에 대한 다양한 해석들

아가는 성경에 있는 다른 책들과는 달리 남녀 간의 노골적인 성적 묘사들 때문에 그 내용을 있는 그대로 받아들이기보다는 초기부터 여러 다른 방법으로 해석하고 이해하려는 시도들이 계속되어 왔다.

1. 알레고리적 해석들

사실 성경에 기록된 아가의 내용 그 자체로만 보면 이는 사랑 노래, 그 이상도 그 이하도 아니다. 아가를 알레고리로 읽도록 할 만한 아무런 문학적 장치나 암시가 전혀 없는 것이다. 그럼에도 불구하고 아가를 알레고리적으로 해석하는 경향은 아주 초기부터 19세기 중반 무렵 성서비평학이 시작될 때까지 변함없이 지속되었다. 초기 유대교 주석가들은 아가에 등장하는 남자를 하나님으로, 여자를 이스라엘로 보았다. 이들에 따르면 아가는 표면적으로는 남녀 간의 사랑을 노래하는 것 같지만 사실 아가는 하나님이 이스라엘을 얼마나 사랑하는지 알려 주는 책이라는 것이다.

예를 들어 아가 1 : 2~9을 보자.

2내게 입맞추기를 원하니
네 사랑이 포도주보다 나음이로구나
3네 기름이 향기로워 아름답고
네 이름이 쏟은 향기름 같으므로
처녀들이 너를 사랑하는구나
4왕이 나를 그의 방으로 이끌어 들이시니
너는 나를 인도하라
우리가 너를 따라 달려가리라
우리가 너로 말미암아 기뻐하며 즐거워하니
네 사랑이 포도주보다 더 진함이라
처녀들이 너를 사랑함이 마땅하니라
5예루살렘 딸들아

내가 비록 검으나 아름다우니
게달의 장막 같을지라도
솔로몬의 휘장과도 같구나
6내가 햇볕에 쬐어서 거무스름할지라도
흘겨보지 말 것은
내 어머니의 아들들이 나에게 노하여
포도원지기로 삼았음이라
나의 포도원을 내가 지키지 못하였구나
7내 마음으로 사랑하는 자야
네가 양 치는 곳과
정오에 쉬게 하는 곳을 내게 말하라
내가 네 친구의 양 떼 곁에서
어찌 얼굴을 가린 자같이 되랴
8여인 중에 어여쁜 자야
네가 알지 못하겠거든
양 떼의 발자취를 따라
목자들의 장막 곁에서
너의 염소 새끼를 먹일지니라
9내 사랑아
내가 너를 바로의 병거의 준마에 비하였구나

본 단락에 대한 타르굼의 해석은 다음과 같다. 여자, 즉 이스라엘은 남자, 즉 하나님에게 입맞춤을 요구한다. 이스라엘은 하나님과의 관계를 소망한다. 이스라엘은 하나님을 찬양하고 자신을 하나님의 침실로 데려가기를 요구한다. 이 침실은 바로 약속의 땅 팔레스타인이다. 둘 사이의 입맞춤은 율법을 부여하는 것이므로 시내산에서 하나님이 나타나신 것을 말하는 것이다. 그러나 광야에서 이스라엘은 금송아지를 예배하는 죄를 범했다. "나는 검다"라는 5절의 여자의 고백은 바로 이 우상숭배의 죄를 고백하는 것이다. 7~8절은 모세가 이스라엘이 앞으로 하나님께 계속 충성할 것을 경고하는 내용이다. 9절에서 여자는 바로의 전차를 끄는 암말로 비유되는데 이는 홍해를 건너는 것을 상기시킨다.

타르굼은 또한 민족주의적인 시각으로 아가 전체를 출애굽으로부터 시작하여 메시야 시대의 도래까지 이어지는 하나의 거대한 이스라엘의 구원사로 해석하고 있다. 아가 1 : 2~3 : 6까지를 출애굽, 시내산 거주, 가나안 정복을 말하며, 3 : 7~5 : 1까지를 솔로몬 신전에 관한 내용, 5 : 2~6 : 1까지를 이스라엘의 범죄와 바빌론 포로시대에 관한 기사, 6 : 2~7 : 11까지를 바빌론 포로에서의 귀환 및 신전 재건축에 관한 이야기, 그리고 마지막으로 7 : 12~8 : 14까지를 로마제국의 쇠망과 메시야에 대한 기대로 해석하였다.

기독교 공동체에서 아가에 대한 알레고리적 해석을 주도한 사람은 3세기 중반까지 활동하던 오리겐이었다. 오리겐은 아가를 솔로몬이 지은 것으로 합방하기 전에 부르는 결혼의 노래로 보았다. 오리겐은 아가의 등장인물들을 영적으로 해석해서 남자는 예수 그리스도, 여자는 교회 또는 개인의 영혼으로 이해하였다. 오리겐의 해석은 이후의 기독교 공동체들의 아가 해석에 지대한 영향을 미쳤다. 그러나 성서비평학이 발전하면서 아가에 대한 알레고리적 해석은 점차 그 자리를 잃게 되었고, 오늘날에는 이러한 해석 방법을 택하는 주석가는 거의 없다. 그럼에도 불구하고 교회의 설교나 교육에서 아가는 여전히 알레고리적으로 풀이되어 설명되곤 한다. 개신교 교회는 일반적으로 중세 성경해석의 특징이었던 알레고리적 해석들을 배격하지만 특이하게도 아가에 있어서만큼은 예외인 듯하다.

성경해석의 제일차적인 목표는 그 본문의 저자가 당시의 시대상황에서 전하고자 하는 메시지가 무엇이었는지를 파악하는 것이다. 알레고리적 해석의 가장 큰 문제점은 대부분의 경우 성경본문이 말하는 내용과는 다른 이차적 상징과 의미들이 부여된다는 것이다. 이렇게 되면 본문의 본래 의미와는 전혀 상관없는 자의적인 해석의 늪에 빠지게 된다. 아가의 경우 그 주된 내용이 하나님과 그의 백성들 사이의 사랑이라고 볼 수 있을 만한 아무런 확실한 증거가 없다. 아가는 에스더와 함께 구약성경에서 하나님을 가리키는 단어가 등장하지 않는 두 책들 중의 하나이다. 아가에는 또한 예수 그리스도를 가리키는 구체적인 언급도 나타나지 않으며, 신약성경의 저자들도 아가와 예수 그리스도를 관련지어 설명한 적이 없다.

또한 주지하다시피 아가에는 상당히 많은 성적 용어들이 사용되고 있다. 비록 신구약 성경이 종종 이스라엘 백성들을 하나님의 신부로 비유하는 경우가 있기는 하지만, 그렇다고 하더라도 남녀 간의 성적 유희를 하나님과 인간의 사랑으로 빗대어 표현한 경우는 없다. 이러한 점들을 고려하면 아가를 알레고리적으로 풀이하여 하나님과 이스라엘 백성, 그리스도와 교회와의 사랑으로 보는 것은 언뜻 생각하면 매우 신앙적이고 건전한 해석인 듯하지만, 사실 이러한 알레고리적 해석은 그 방법론만을 놓고 보았을 때는 성경 본문의 일차적인 메시지를 찾아내는 주석(exegesis)과는 거리가 먼 자신이 의도하는 바를 본문에서 찾아내려는 자의적인 해석(eisegesis)으로, 성경해석방법으로는 그리 바람직하지 못하다고 말할 수 있다.

2. 제의적 해석

고대 근동의 문헌들이 판독되고 출판되면서 이스라엘 주변 문화권에도 아가와 유사한 사랑 노래들이 존재하였음이 알려지게 되었다. 특히 메소포타미아에서 두무지와 이난나의 거룩한 혼인예식과 관련된 문서들이 발견되었는데 어떤 사람들은 아가도 이와 마찬가지로 솔로몬 왕과 솔로몬이 섬기던 가나안의 사랑의 여신 아스타르테의 여사제의 제의적 성혼 예식을 반영하는 것이라고 주장한다(T. J. Meek, "Canticles and the Tammuz Cult," 1922-1923, pp. 1–14 ; S. N. Kramer, "The Biblical 'Song of Songs' and the Sumerian Love Songs," 1962, p, 25).

그러나 구약성경에는 이스라엘이나 유다의 왕이 두무지를 대신하여 아스타르테의 여사제와 거룩한 혼인예식을 거행했다는 증거가 전혀 나타나지 않는다. 더욱이 아가에서는 이러한 풍요제의와 직접적으로 관련된 것으로 여겨지는 구절을 찾아볼 수 없다. 따라서 최근에 이러한 주장을 받아들이는 학자는 거의 없다.

한편 포프(M. Pope)는 또 하나의 제의적 해석을 시도했는데, 그는 아가를 메소포타미아의 성혼예식이 아니라 가나안의 마르제아흐(mrzh) 제도와 관련이 있는 것으로 해석하였다(Marvin Pope, *Song of Songs : A New Translation with Introduction and Commentary*, 1977, pp. 210 – 229). 마르제아흐는 우가릿 문헌에 잘 나타나 있고, 구약성경에도 아모스 6 : 7 그리고 예레미야 16 : 6에 같은 단어가 언급되어 있다. 이 마르제아흐 의식에는 기본적으로 음주가무, 성적 행위들이 포함되었고, 종종 죽은 자를 위한 상제례도 진행되었다(우택주, "마르제악 제도와 죽의 자를 위한 제의 : 비교," 2006, pp. 103 – 132). 특히 포프는 마르제아흐의 주 기능을 조상숭배로 보면서 아가도 이러한 조상숭배 제사와 연관이 있다고 주장하였다. 그에 의하면 아가 8 : 6이 바로 그 증거이다.

너는 나를 도장같이 마음에 품고
도장같이 팔에 두라
사랑은 죽음같이 강하고
질투는 스올같이 잔인하며
불길같이 일어나니
그 기세가 여호와의 불과 같으니라

스올이란 널리 알려져 있듯이 이스라엘의 세계관에서 의로운 사람이든 악한 사람이든 누구나 죽으면 가는 장소이다. 스올은 지하에 있는 곳이며(삼상 28), 사람이 한 번 가면 다시 돌아올 수 없는 장소이다(욥 7 : 9).

포프는 아가의 내면적인 관심사는 죽음에 대한 두려움이며, 위의 구절은 오직 사랑만이 죽음의 강력한 힘을 이길 수 있는 것임을 천명하고 있다고 주장한다.

그러나 아가에는 마르제아흐라는 단어가 언급되지 않을 뿐만 아니라 명백하게 조상숭배 제사를 가리키는 어떠한 구절도 없다. 그리고 아가 8 : 6은 죽음의 힘처럼 사람을 매료시키는 힘이 강하다는 것을 말하는 것이지, 포프의 주장처럼 죽은 자를 위한 제의를 암시하는 내용이 아니다. 따라서 포프의 주장은 비록 참신하기는 하지만 그만큼 받아들이기 어려운 부분이 많이 있다.

3. 혼인예식 노래

일부 학자들은 시리아와 이집트의 일부 아랍인들 사이에서 행해지는 혼인예식 축제에서 아가서 해석의 결정적인 힌트를 얻었다(J. G. Wetzstein, "Die syrische Dreschtafel," 1873, pp. 270－302). 칠 일 동안 벌어지는 이 축제에서 신랑과 신부는 왕과 왕비의 역할을 하며 상대방의 아름다움을 묘사하고 찬양하는 노래들을 불렀는데, 아가의 내용이 바로 이 신랑 신부가 노래하는 내용과 매우 유사하다는 것이다. 특히 아가 6 : 13(히 7 : 1) 이하의 술람미 여인의 춤에 대한 언급은 이 혼인예식 축제 때에 신부가 칼을 들고 추던 칼춤을 반영한다는 주장도 제기되었다. 이러한 해석은 20세기 중반까지 많은 주석가들의 동의를 얻으며 아가의 비밀을 풀어 주는 열쇠처럼 여겨지기도 했다.

그러나 이 해석에도 문제점들이 있다. 우선 아가의 연인들은 신랑신부로 묘사되지 않는다. 그리고 아가에 등장하는 여인은 시리아 결혼예식의 신부와는 달리 한 번도 왕비라고 불리지 않는다. 또한 아가 전체를 칠 일 간의 축제에 맞추어 일곱 단락으로 구분하는 것도 쉽지 않은 일이다. 아가의 일부분이 정말로 고대 시리아-팔레스타인의 혼인예식 축제와 관련이 있었을 가능성까지 완전히 부인할 수는 없지만, 아가 전체가 혼인예식을 위한 노래였다는 주장을 입증하기 위해서는 더 많은 확실한 증거자료들이 제시되어야 할 것이다.

4. 꿈

어떤 주석가들은 아가 전체를 하나의 꿈으로 해석하려고 시도하였다(J. L. von Hug, *Das Hohe Lied in einer noch unversuchten Deutung*, 1913 ; S. B. Freehof, "The Song of Songs. A General Suggestion," 1948-1949, pp. 397-402). 이 해석의 가장 중요한 근거는 바로 아가 3 : 1과 5 : 2이다.

내가 밤에 침상에서 마음으로 사랑하는 자를 찾았노라
찾아도 찾아내지 못하였노라
(3 : 1)

내가 잘지라도 마음은 깨었는데
나의 사랑하는 자의 소리가 들리는구나
(5 : 2a)

이 해석에 의하면 아가라는 책은 통일성을 찾기 힘들 정도로 전체적인 구조와 순서가 혼란스럽게 되어 있는데 이는 오히려 아가가 여러 꿈속의 다양한 경험들이 한 데 나열되어 있음을 보여 주는 증거인 것이다. 또한 아가에는 갑작스런 시간과 공간의 이동, 설명하기 힘든 독특한 행동 등이 묘사되고 있는데 이러한 것들은 꿈에서나 가능한 내용이라는 것이다.

그러나 과연 아가를 일련의 꿈속 경험들을 나열해 놓은 것으로 보는 것이 타당할까? 그렇게 보기에는 증거가 매우 미약하다. 우선 아가에는 꿈을 가리키는 단어가 나타나지 않는다. 아가 3 : 1과 5 : 2은 아가의 주인공들이 꿈을 꾸고 있다는 사실을 알려 주는 것이 아니라 잠을 깊이 이루지 못할 정도로 연인을 갈구하는 사랑에 빠진 자의 애타는 마음을 시적으로 표현한 것으로 보아야 할 것이다. 그러나 이 해석은 그 증거가 부족한 만큼 많은 학자들의 동의를 얻지 못하고 있다.

5. 연극

19세기 말과 20세기 초에는 아가를 한 편의 연극으로 보는 해석이 유행하였다. 이러한 해석을 따르는 학자들 중의 일부는 이 연극에는 두 명의 주인공이 있다고 생각한다. 솔로몬이 한 시골 여인을 보고 사랑에 빠져서 그녀를 예루살렘으로 데려와 아내로 삼고자 한다는 것이 이 연극의 줄거리라는 것이다. 같은 해석을 지지하지만 또 다른 일부의 주석가들은 이 연극에는 세 명의 남녀가 사랑의 삼각관계를 형성하고 있다고 본다. 여기에는 솔로몬과 그가 사랑한 여인뿐만 아니라 제삼의 인물, 즉 왕의 유혹에도 흔들리지 않을 정도로 이 여인이 진심으로 사랑한 목동이 있다. 그리고 사랑하는 연인들은 이렇게 모든 유혹에도 변함없이 사랑을 지켜내야 한다는 것이 바로 아가가 우리에게 가르치고자 하는 핵심 내용이라는 것이다. 고울더(Goulder)에 의하면 아가는 공주가 솔로몬의 궁정에 도착하는 장면으로부터 솔로몬이 그녀를 자신이 제일 사랑하는 왕비로 인정하기까지의 열네 개의 장면으로 구성되어 있다. 고울더는 실제로 아가 전체를 이렇게 열네 장면으로 나누어 무대장면에 대한 지시사항과 함께 솔로몬의 결혼을 주제로 이루어진 하나의 연극을 위한 전체적인 구성을 만들어 제시하기도 하였다(M. D. Goulder, *The Song of Fourteen Songs*, 1986, pp. 2-4).

이 이론의 약점은 하나의 연극을 완성하기 위해서 아가에는 구체적으로 언급되고 있지 않은 내용을 지나치게 많이 꾸며 내어야 한다는 것이다. 아울러 아가에는 어떠한 무대장면에 대한 지시도 나타나지 않는다. 같은 연극 이론 내에서도 아가의 주인공이 두 명인지, 세 명인지에 대한 의견이 나누어진다는 사실에서 알 수 있듯이 가장 어려운 점은 아가에 있는 노래들을 부르는 사람들이 누구인지 정확하게 알기 어렵다는 것이다. 구약성경의 아가를 바탕으로 하나의 연극을 연출해 내는 것은 재능만 있다면 누구든지 자유롭게 각색하고 내용을 덧붙여서 만들어 낼 수 있는 부분이다. 그러나 아가라는 책이 한 편의 연극으로 하나의 통일성 있고 일관성 있는 이야기를 담고 있다고 주장하는 것은 이와는 전혀 다른 문제로, 안타깝게도 아가 전체를 이렇게 하나의 일관된 이야기로 재구성하는 것은 현재 우리가 가지고 있는 아가의 본문만으로는 불가능해 보인다.

6. 정치적 해석

아가에 대한 다양한 해석들 중에 매우 독특한 것은 아가를 정치적인 선전을 위한 문서로 보는 것이다. 이 견해에 따르면 아가의 시대적 배경은 페르시아 제국이 유다를 지배할 때이며, 이 책은 유대인들에게 이렇게 정치적으로 어두운 상황 가운데서도 유다의 회복에 대한 희망을 잃지 말라고 권고하고 있다. 아가의 주인공들은 각각 특정한 사회 그룹을 의인화한 것이다. 예를 들어 솔로몬은 다윗 왕조와 이스라엘 국가를 상징하고, 신부는 페르시아 통치하의 유다의 백성들을 나타내고, 예루살렘의 딸들은 유대교의 사제들을 대표한다는 것이다. 이들 간의 사랑은 남녀의 로맨틱한 종류의 것이 아닌 정치적인 것으로 왕과 백성들 간의 계약관계를 나타낸다(L. Stadelmann, *Love and Politics : A New Commentary on the Song of Songs*, 1990, p. 2). 따라서 아가는 포로기 이후 유다에서 이러한 계약관계를 바탕으로 한 다윗 왕조가 재건되기를 바라는 희망을 말하고 있다는 것이다. 아가는 이러한 정치적인 내용을 압제자들에게 들키지 않도록 사랑 노래의 형식을 빌려 전달하고 있다는 것이다.

하지만 이 해석도 알레고리적 해석과 마찬가지로 본문이 말하고 있는 일차적인 내용에서 벗어나 다른 차원의 의미로 넘어가고 있다. 이를 정당화해 줄 만한 명백한 증거가 수반된다면 모르겠지만 구체적인 증거가 없는 상황에서 이 해석은 결코 창의적인 사색의 결과 그 이상은 될 수 없을 것이다.

7. 여권주의적 접근

바야흐로 전근대적인 남성우월주의의 시대가 지나가고 남녀평등의 사회적 기조가 도래하기까지 여성학자들 또는 여권주의자들의 학문적인 공헌이 지대했음은 말할 것도 없다. 성경이 기록되던 시기의 이스라엘은 남성중심적인 문화였기 때문에 성경은 종종 여성학자들의 비판의 대상이 되곤 한다. 그러나 어떤 학자들은 아가만큼은 다른 책들과는 다르다고 보았다. 아가에는 남성중심적 표현이나 사고도 나타나지 않고, 여성을 비하하지도 않으며, 순종적이고 헌신적인 여성을 이상적이라고 정형화시키지도 않는다는 것이다. 아가의 주인공인 여성은 적극적이며, 성적으로 개방되어 있고, 남자 주인공과 동등한 지위에 있는 듯이 대화를 하는 것도 사실이다. 그러므로 아가는 여성의 해방을 위한 멜로드라마 형식의 선언문으로 여겨지기도 했고(C. D. Ginsburg, *The Song of Songs and Coheleth*, 1857, pp. 137－141), 성경의 남성우월적 사고에 대한 비판으로 생각되기도 했다(M. Falk, "The Song of Songs," in *Harper's Bible Commentary*, 1988, p. 528).

그렇지만 아가에 남성우월주의적인 표현이 없는 것은 아니다. 예를 들어 5：7에서 아가의 여주인공은 성을 순찰하는 자들에게 학대를 당하고 겉옷을 빼앗긴다. 또한 8：8~10에서 여주인공의 오빠들은 자신들의 누이동생의 성적 순결에 집착하고 있다. 더구나 꿈속에서도 남자를 찾아 헤매는 일편단심의 여자(3：1－5)는 모든 남자들의 꿈이라고 할 수 있다(David J. A. Clines,

"Why Is There a Song of Songs and What Does It Do to You If You Read It?" in *Interested Parties : The Ideology of Writers and Readers of the Hebrew Bible*, 1995, pp. 102－106). 비록 아가는 구약성경에서 비교적 남녀가 평등하게 묘사되는 책이라고 말할 수 있겠지만, 바로 위에 언급된 점들은 아가도 구약성경의 다른 책들과 마찬가지로 남성중심의 사회에서 기원한 책으로서의 한계를 여실히 보여 주고 있다.

8. 에덴동산 이야기의 주석

필리스 트리블(Phyllis Trible)은 아가를 창세기의 에덴동산과 연결하는 독특한 해석을 제시하였다(Phyllis Trible, "Depatriarchalizing in Biblical Interpretation," *JAAR* 41 (1973), pp. 30－48). 많은 여성신학자들이 강조하다시피 아가의 여인은 일반적으로 성경에서 그려지는 것과 같은 억압받고, 남성에게 종속된 존재와는 확연하게 다르다. 아가의 여주인공은 남자와의 사랑에 있어서 주도권을 놓지 않는다. 아가의 서두는 남자의 말이 아닌, 바로 이 여자의 말로 시작한다.

> 내게 입맞추기를 원하니
> 네 사랑이 포도주보다 나음이로구나
> (1 : 2)

아가를 시작하는 이 여인의 첫마디는 남자의 입맞춤을 요구하는 과감하고 적극적인 사랑의 표현이다. 잠언 31장이 부지런히 가정일을 돌보고, 남편을 뒷바라지하느라 자신의 삶은 챙길 여력이 없는 순종적이며 조신한 여성을 '현숙한 여인'으로 칭송하는 것에 비추어 보면, 아가의 여주인공은 당시 사회 분위기에서 요구하고 기대하던 그러한 여인의 모습과는 전혀 상충되는 인물이다.

그런데 아가에서 이 여주인공이 남자와 사랑을 나누는 장소로 주로 등장하는 곳은 동산이다. 그러나 사실 아가에서 동산은 여자를 비유적으로 나타내기도 한다. 다음의 구절 4 : 12~5 : 1은 이러한 사실을 잘 보여 준다.

> 내 누이, 내 신부는 잠근 동산이요
> 덮은 우물이요 봉한 샘이로구나
> 네게서 나는 것은 석류나무와
> 각종 아름다운 과수와
> 고벨화와 나도풀과
> 나도와 번홍화와 창포와 계수와
> 각종 유향목과 몰약과 침향과
> 모든 귀한 향품이요
> 너는 동산의 샘이요
> 생수의 우물이요
> 레바논에서부터 흐르는 시내로구나
> 북풍아 일어나라 남풍아 오라
> 나의 동산에 불어서 향기를 날리라
> 나의 사랑하는 자가 그 동산에 들어가서
> 그 아름다운 열매 먹기를 원하노라
> 내 누이, 내 신부야
> 내가 내 동산에 들어와서
> 나의 몰약과 향 재료를 거두고
> 나의 꿀송이와 꿀을 먹고
> 내 포도주와 내 우유를 마셨으니
> 나의 친구들아 먹으라

나의 사랑하는 사람들아
많이 마시라
(4 : 12 - 5 : 1)

이렇게 풍요로운 동산에서 남녀 한 쌍이 사랑을 속삭이는 이미지는 바로 창세기 2~3장의 에덴동산을 연상하게 한다. 트리블은 아가의 내용과 에덴동산 이야기와의 유사성들을 몇 가지 지적한다.

우선 두 이야기 모두가 일을 중요하게 여긴다. 아가의 여인은 포도원을 지키는 역할을 하기도 하고, 양 떼를 치기도 한다. 아가의 남자 주인공 역시 목동의 일을 한다. 에덴동산에서도 인간이 타락하기 이전에 이미 하나님은 아담으로 하여금 동산을 "경작하며 지키게" 하셨다(창 2 : 15). 뿐만 아니라 타락 이후에는 열심히 수고해서 일해야만 땅의 소산을 먹을 수 있게 되었다(창 3 : 17 - 19).

또한 두 이야기 모두에서 이름이 등장한다. 아담은 짐승들과 여자에게 이름을 지어 주었다. 아가 1 : 3에서도 여자는 남자의 이름을 귀한 향기름에 비유하여 부르고 있다.

네 기름이 향기로워 아름답고
네 이름이 쏟은 향기름 같으므로
처녀들이 너를 사랑하는구나
(1 : 3)

무엇보다 중요한 사실은 두 이야기 모두에서 정형화된 여성상이나 또는 남성우월주의적인 시각을 찾아볼 수 없다는 것이다. 에덴동산에서 여자는 남자의 동반자로 창조되었다. 본 주석의 부록 "사랑과 성에 대한 아가의 가르침"에서도 설명했듯이 여자가 남자의 갈비뼈로 만들어졌다는 말은 여자가 남자에게 종속된 존재임을 말하는 것이 아니고, 둘 사이는 뗄 수 없는 친밀한 관계임을 가리키는 표현이다. 어느 한 성이 다른 성보다 우월할 수 없는 것은 둘이 합하여 결국에는 한 몸이 되기 때문이다. 아가에서도 마찬가지이다. 아가의 여주인공은 남자와의 사랑의 관계를 주도해 나가며, 과감하게 자신의 감정과 욕구를 표현한다. 때로는 사라진 남자를 적극적으로 찾아나서 거리를 헤매기도 한다. 아가 7 : 10에서 여자는 다음과 같이 말한다.

> 나는 내 사랑하는 자에게 속하였도다
> 그가 나를 사모하는구나

본 절에 대한 주석에서도 밝혔지만 "그가 나를 사모하는구나"는 직역하면 "그의 욕망이 내 위에 있구나"이다. 여기에서 '욕망'을 의미하는 단어 תְּשׁוּקָה (테슈카)는 구약성경에서 딱 세 번 등장하는데, 나머지 두 곳이 창세기 3 : 16과 4 : 7이다. "너는 남편을 원하고 남편은 너를 다스릴 것이니라"(창 3 : 16). "죄가 너를 원하나 너는 죄를 다스릴지니라"(창 4 : 7).

이 두 곳 모두에서 '욕망'은 죄와 심판의 맥락으로 사용되고 있다. 하지만 아가 7 : 10에서 '욕망'은 사랑의 기쁨의 표현이다.

이러한 관련성들을 근거로 트리블은 아가를 여러 면에서 창세기 2~3장에 대한 미드라쉬라고 주장한다(Phyllis Trible, "Depatriarchalizing in Biblical Interpretation," *JAAR* 41 (1973), p. 47). 이와 유사하게 프랜시스 랜디(Francis Landy, "The Song of Songs and the Garden of Eden," *JBL* 98 (1979), pp. 513 – 528) 역시 아가는 에덴동산 이야기의 주석과 같은 기능을 하는 것으로, 에덴동산의 이미지와 문학적 모티브들을 사용하여 잃어버린 낙원이 사랑을 통해 다시 발견되고 지속된다는 주제를 담고 있다고 주장하였다. 하지만 두 이야기 사이에 존재하는 차이점을 간과할 수는 없다. 예를 들어 에덴동산 이야기에서 매우 중요한 역할을 하는 뱀은 아가 어디에도 등장하지 않는다. 따라서 아가의 일부 내용이 에덴동산 이야기를 반영하고 있는 것만큼은 분명하지만, 그렇다고 아가 전체를 창세기 2~3장에 대한 주석으로 규정하는 것은 무리가 있다고 볼 수 있다.

9. 사랑 노래

앞에서 본 것처럼 오랜 세월 동안 수많은 사람들이 아가의 신학적 의미를 파악하기 위해 다양한 시각을 가지고 여러 해석들을 제시하였다. 그러나 위에 정리된 어떠한 해석방법이든 문제가 없는 것은 없다. 왜 그럴까? 위의 해석들 대부분이 아가의 본문에서 숨은 이차적 의미를 찾는 데에 주안점을 두고 있기 때문이다.

이에 반해 아가를 가장 정확히 해석할 수 있는 길은 아가를 말 그대로 아름다운 사랑 노래로 볼 때 가능해진다. 만일 아가의 일차적인 목적이 하나님의 인간을 향한 사랑을 알리기 위한 것이라면 왜 아가에 하나님을 가리키는 단어가 한 번도 나타나지 않겠는가? 남녀의 사랑 노래가 거룩한 성경에 들어와 있다는 사실을 받아들이기 불편한 사람은 인간의 근본적인 존재의 이유를 말해 주는 창세기 1장의 "생육하고 번성하여 땅에 충만하라"는 하나님의 명령을 기억할 필요가 있다. 인간은 관계성 속에서 살아가도록 창조된 존재이며, 그 관계를 이루는 기본 단위는 남자와 여자가 한 몸을 이루게 되는 가정이다. 이 가정의 울타리 안에서의 성과 사랑은 하나님의 선물이며, 인간은 이를 통하여 하나님의 명령을 이루어 갈 수 있는 것이다. 아가는 바로 이러한 인간의 성과 사랑을 노래하고 그러한 친밀한 육체적 관계에서 오는 기쁨을 즐기고 누릴 것을 권유하고 있다. 인간의 성과 사랑을 부정한 것으로 치부하는 것은 인간의 실존과 관계된, 그리고 삶의 기본이 되는 중요한 요소를 거부하는 것이다. 그리고 더 나아가 결국 인간에게 성과 사랑을 허락하신 하나님을 향하여 인간의 잣대로 그의 거룩함에 의문을 제기하는 것과 마찬가지이다.

그렇다고 해서 아가가 모든 종류의 사랑을 칭송하는 것은 아니다. 어떤 사람들은 마치 아가가 남녀의 무분별한 성에 대해서까지 인정하고, 더 나아가 그러한 자유로운 성생활을 독려하는 것처럼 생각하기도 한다. 하지만 1 : 6과 8 : 8~10의 내용을 보면, 아가의 여주인공의 오빠들은 그들의 누이의 사랑과 성적 활동을 염려하고 함부로 몸을 놀리지 못하도록 제약을 가하고 있음을 알 수 있다. 다시 말해서 아가는 결혼을 통해 맺어진 남녀의 사랑 이외의 것에 대해서는 반대의 입장을 취하고 있는 것이다.

모든 사랑에는 적절한 시기와 방법이 있는 것이다. 아가 2 : 7은 예루살렘의 여자들에게 이에 대한 주의를 환기시키고 있다(참고 아 3 : 5 ; 8 : 4).

> 예루살렘 딸들아
> 내가 노루와 들사슴을 두고 너희에게 부탁한다
> 내 사랑이 원하기 전에는
> 흔들지 말고 깨우지 말지니라
> (2 : 7)

친밀하고 온전한 교류가 이루어지지 않는 상태의 일방적인 사랑의 감정은 사람의 심신을 약화시켜 병이 나게끔 만들기도 한다.

> 예루살렘 딸들아
> 너희에게 내가 부탁한다
> 너희가 내 사랑하는 자를 만나거든
> 내가 사랑하므로 병이 났다고 하려무나
> (5 : 8)

이러한 감정은 사람으로 하여금 스스로를 제어할 수 없는 상태에까지 이르게 하며 때로는 파국적인 결말을 불러오기도 한다.

> 너는 나를 도장같이 마음에 품고
> 도장같이 팔에 두라
> 사랑은 죽음같이 강하고
> 질투는 스올같이 잔인하며
> 불길같이 일어나니
> 그 기세가 여호와의 불과 같으니라
> (8 : 6)

이렇듯 아가는 한편으로는 신뢰와 믿음을 바탕으로 한 남녀 간의 사랑을 전혀 부끄러울 것이 없고 오히려 아름답고 권장할 만한 것으로 묘사하면서도 다른 한편으로는 상호 간에 합의가 이루어지지 않은, 그리고 사회적 규약을 넘어서는 무분별하고 무책임한 사랑의 양태와 그 파괴적 힘에 대해서는 엄중하게 경고하고 있다. 그러므로 아가를 단순히 남녀 간의 성애적 묘사와 표현으로만 가득 차 있는 세속적인 책처럼 생각하는 것은 잘못이다. 아가는 우리로 하여금 하나님이 인간에게 허락하신 사랑을 누리고, 그 안에서 참된 기쁨을 찾도록 유도하며, 또한 헌신적인 사랑의 숭고함을 배울 수 있도록 안내해 주는 역할을 한다.

아가를 읽는 우리들은 아가의 내용을 통하여 우리의 사랑과 삶을 되돌아보고, 하나님께서 우리에게 진정 원하시는 아름다운 사랑을 이루어 나가도록 노력해야 할 것이다. 더 나아가 우리가 사랑하는 사람들과의 관계 속에서 사랑의 근원이신 하나님 사랑의 넓이와 깊이를 발견하고, 그 사랑의 신비를 깨닫는 자리까지 나아가야 할 것이다.

G. 아가와 고대 근동의 사랑 노래들

고대 근동의 쐐기문자 토판들, 이집트 문헌들이 해독되고 번역되어 출판되면서 구약성경의 연구에도 많은 진전이 있었다. 구약성경에는 아가 이외에는 같은 장르의 사랑 노래가 포함되어 있지 않지만 다행히 고대 근동의 여러 문헌들에서 이와 유사한 사랑 노래들이 많이 발견되었다. 아가가 이러한 고대 근동의 사랑 노래들로부터 직접적인 영향을 받았는지는 밝히기 힘들다. 다만 아가를 노래한 이스라엘의 시인들이 주변 문화권의 사랑 노래들을 알고 있었고, 거기에서 발견되는 비슷한 주제와 표현들을 자신들의 노래에서도 의식적이든, 무의식적이든 사용했을 가능성을 부인할 수는 없을 것이다.

1. 아가와 고대 이집트의 사랑 노래들

아가와 내용적으로 가장 유사한 노래들은 고대 이집트 문헌에서 발견된다. 사랑 노래를 담고 있는 대표적인 이집트 문서들로는 "파피루스 해리스(Papyrus Harris) 500", "카이로 사랑 노래들"(Cairo Love Songs), "투린 사랑 노래"(Turin Love Song), "파피루스 체스터 베티"(Papyrus Chester Beatty I) 등이 있다(M. V. Fox, *The Song of Songs and the Ancient Egyptian Love Songs*, 1985, pp. 3-76). 모두 신왕국 시대의 작품들이다. 이 문서들에 기록된 사랑 노래들은 아가와 마찬가지로 사랑하는 자에 대한 갈망, 사랑하는 자의 매력과 아름다움에 대한 찬양, 육체적 친밀감을 나누는 기쁨 등을 노래한다. 특히 아가와 이집트 문헌 모두에서 여인은 '누이'(아 4 : 9, 10, 12)로 불리고, 사랑하는 자의 아름다움이 최상급 표현을 통하여 찬양된다는 공통점이 있다. 또한 연인의 입술, 팔, 유방 등의 신체를 각종 동식물 또는 광물에 비유하여 나타내는 것도 아가와 이집트 문헌에서 공통적으로 발견되는 표현양식이다. 예를 들어 "파피루스 체스터 베티"에 있는 한 노래는 다음과 같이 연인의 신체를 묘사한다.

달콤하도다 그녀의 입술이여 그녀가 말할 때
그녀의 말은 지나침이 없구나
목은 길고, 유방은 희고,
그녀의 머리카락은 참으로 청금석(lapis lazuli)이로구나
그녀의 팔은 금보다 더 귀하고
그녀의 손가락은 연꽃 같도다
엉덩이는 굴곡이 지고, 허리는 잘록하구나
허벅지는 그녀의 아름다움을 더하는구나
(William W. Hallo, *The Context of Scripture*, vol. I, 1997, p. 128)

아가 군데군데에서 이와 비슷한 표현을 발견할 수 있는데 그 중에서 특히 이를 5 : 10~16a과 비교해 볼 만하다.

또한 아가와 이집트의 사랑 노래들에서 공통적으로 발견되는 주제는 동산이 주로 연인들이 사랑을 나누는 장소로 등장한다는 것이다. 이 동산 주제는 특히 아가 4 : 12~5 : 1에서 두드러지게 나타난다. 그런데 "파피루스 해리스 500"에 있는 한 이집트의 노래에서도 여인은 동산에 비유되어 묘사된다.

그 안에는 사암(Saam) 나무들이 가득하네
그 나무들 앞에서 행복해 하네
나는 당신의 가장 소중한 여인
나는 당신의 것
마치 꽃으로 가득한 동산처럼
온갖 향기로운 식물들로 가득한 들판처럼
그 들판의 수로는 화사하네

당신의 손이 펴낸 수로
북쪽에서 불어오는 바람이
우리를 시원하게 하네
당신의 손을 내 손에 얹고
한적하게 거닐기 좋은 아름다운 곳
우리가 함께 걸을 때
나의 몸은 만족하고
나의 마음은 즐겁도다
당신의 목소리를 듣는 것은
나에게는 석류주와 같네
그 목소리로 나는 살아가고 있네
언제나 당신을 볼 수 있다면
먹고 마시는 것보다 내게는 더 행복하리라
(William W. Hallo, *The Context of Scripture*, vol. I, 1997, p. 127)

또한 "파피루스 해리스 500"에 포함되어 있는 다음의 노래를 보자.

(여자)
나의 마음은 아직
당신의 사랑을 끝내지 않았네
나의 늑대 새끼여
당신의 사랑은 당신의 술
재난이 나를 옮겨
늪지에서 나날을 보내게 되기까지
지팡이와 막대기가 있는 시리아로 옮기기까지
야자나무가 있는 누비아로 옮기기까지

나뭇가지가 있는 높은 지대로 옮기기까지
곤봉이 있는 낮은 지대로 옮기기까지
나는 포기하지 않으리라
그들의 충고를 따르지 않으리라
(남자)
나는 안에 들어가 누우리라
그리고는 병에 걸린 척하리라
그러면 내 이웃들이 와서 문안할 것이고
내 누이도 그들과 함께 오리라
그녀는 의사를 부끄럽게 할 것이로다
왜냐하면 나의 병을 잘 이해하고 있기 때문이다
(William W. Hallo, *The Context of Scripture*, vol. I, 1997, p. 126)

이 노래에서 여자는 무슨 일이 있어도 남자에 대한 사랑을 포기하지 않겠다고 다짐하고 있다. '늑대 새끼'라는 말은 이 여인의 부모가 딸의 애인을 가리켜 하는 말로 보인다. 우리말로 '음탕한 놈'과 유사한 표현일 것이다. 여인은 이 사랑스러운 자신만의 '늑대 새끼'와 절대 헤어질 의사가 없다는 것이다. 그런데 여기서 '늑대'로 변역된 이집트 단어는 '재칼' 또는 '여우'를 의미할 수도 있다. 후자의 경우라면 아가 2 : 15에 등장하는 '작은 여우'를 연상케 한다.

남자는 여인을 만나기 위해 사랑으로 인하여 병에 걸린 척한다. 아가에서도 사랑하는 연인이 그리워 병에 걸리는 주제가 나타나는 부분이 있다. 2 : 5에서 여인은 자신이 사랑하므로 병이 생겼기 때문에 건포도와 사과로 자신의 고통을 달래 달라고 요청한다. 또한 5 : 8에서 여인은 다음과 같이 노래한다.

예루살렘 딸들아
너희에게 내가 부탁한다

너희가 내 사랑하는 자를 만나거든
내가 사랑하므로 병이 났다고 하려무나

이 구절에서 여인은 예루살렘 딸들에게 자신의 연인을 만나거든 자신이 사랑 때문에 병에 걸렸다는 사실을 전해 달라고 요청한다. 앞에 인용된 이집트 사랑 노래에서 남자가 병에 걸린 척하여 연인을 만나기를 시도했듯이, 아가의 여인도 자신이 병에 걸린 소식이 연인에게 전해져서 그가 어서 달려와 자신을 만나 주기를 바랐던 것 같다.

또한 카이로 사랑 노래들 중의 하나는 다음과 같은 내용을 담고 있다.

내가 차라리 그녀를 은밀히 수행하는
그녀의 누비아 출신 여종이라면 좋았을 것을
그 여종은 그녀에게 맨드레이크 열매를 가져다줄 수 있을 테니
여종은 그 손으로 그녀에게 기쁨을 줄 수 있을 테니
그랬다면 그녀는 내게 온 몸의 색깔을 내게 주었으리라
내가 차라리 내 누이의 옷을 빨아 주는
세탁업자라면 좋았을 것을
단 한 달 동안만이라도
그녀의 몸에 닿는 옷을
잡는 것만으로도
나는 힘을 회복할 수 있을 테니
그녀의 목도리에 있는
모링가 기름을 내가 씻어 낼 수 있을 테니
그랬다면 나는 그녀가 내버린 옷으로
나의 몸을 문지를 수 있었으리라
나는 기쁨과 환희에 넘치고

내 몸은 활기차게 되었으리라
내가 차라리 그녀의 손가락을 지켜 주는
그녀의 작은 반지 인장이라면 좋았을 것을
그랬다면 그녀를
날마다 지켜볼 수 있을 테니
(William W. Hallo, *The Context of Scripture*, vol. I, 1997, pp. 127－128)

이 노래에서 남자는 사랑하는 여자와 항상 붙어 있을 수 있는 무언가가 되어서 그녀를 늘 보고 만지고 싶다고 노래하고 있다. 이와 유사한 내용이 아가 8：1~3에 등장한다.

네가 내 어머니의 젖을 먹은 오라비 같았더라면
내가 밖에서 너를 만날 때에 입을 맞추어도
나를 업신여길 자가 없었을 것이라
내가 너를 이끌어 내 어머니 집에 들이고
네게서 교훈을 받았으리라
나는 향기로운 술
곧 석류즙으로 네게 마시게 하겠고
너는 왼팔로는 내 머리를 고이고
오른손으로는 나를 안았으리라
(8：1－3)

이 구절에서 아가의 여인은 자신이 사랑하는 남자가 차라리 자신과 친남매 지간이어서 항상 얼굴을 보고 만날 수 있으면 좋겠다고 말하고 있다. 그랬다면 자신의 집으로 데려와서 늘 함께 있을 수도 있고, 함께 술을 마실 수도 있고, 서로 끌어안고 사랑을 나눌 수도 있었을 것이다.

위의 이집트 사랑 노래는 또한 유명한 구절인 아가 8 : 6을 떠오르게 한다.

너는 나를 도장같이 마음에 품고
도장같이 팔에 두라
사랑은 죽음같이 강하고
질투는 스올같이 잔인하며
불길같이 일어나니
그 기세가 여호와의 불과 같으니라
(8 : 6)

위의 카이로 이집트 사랑 노래에서 남자는 사랑하는 여인의 손가락에 달린 반지 인장이 되어서 그녀를 날마다 지켜볼 수 있기를 희망하고 있다. 아가의 "너는 나를 도장같이 마음에 품고 도장같이 팔에 두라"는 말도 이와 유사한 생각을 전하고 있다. 여기에서 여인은 이집트의 연인들과 마찬가지로 자신이 사랑하는 남자의 분신과 같은 도장이 되고자 한다. 항상 그와 함께 있고 싶다는 강렬한 욕망의 표현이다.

2. 아가와 고대 메소포타미아의 사랑 노래들

고대 메소포타미아의 문학 작품들 중에서도 여러 사랑 노래들이 전해진다. 특히 수메르어로 기록된 사랑 노래들 중에는 식물과 풍요의 신인 두무지와 사랑의 여신 이난나 사이의 사랑을 묘사하는 것들이 있다. 고대 메소포타미아에서는 신년 축제 때에 왕이 두무지를 대신하여 이난나를 대표하는 여사제와 성혼례를 맺곤 했던 것으로 알려져 있다. 이러한 성혼례와 관련된 문헌은 여러 자료들이 있지만 그 중 하나의 예로 소위 "이딘-다간과 이난나의 성혼례"라고 알려진 문서의 일부를 보자.

새해 첫 날에, 왕궁의 신하들을 다시 살피고
그 달 마지막 날의 의식을 잘 거행하기 위한 제례가 있는 날에
여주인을 위한 침대가 놓여진다.
(중략)
여주인은 물로 성스러운 하체를 씻는다.
바로 왕의 하체, 그녀는 물로 그 하체를 씻는다.
이딘-다간의 하체, 그녀는 물로 그 하체를 씻는다.
거룩한 이난나는 비누로 자신의 몸을 문지르고
삼목으로 만든 향수를 바닥에 뿌린다.
왕은 기꺼이 그의 머리를 들고 성스러운 하체를 향한다.
기꺼이 그의 머리를 들고 이난나의 하체를 향한다.
아마-우슘갈-안나는 그녀와 함께 침대로 간다.
"오 나의 성스러운 하체여, 오 나의 거룩한 이난나여!"
그가 침대에서, 성스러운 하체에서, 왕비를 즐겁게 한 후에
그가 침대에서, 성스러운 하체에서, 거룩한 이난나를 즐겁게 한 후에
이번에는 그녀가 침대에서 그의 마음을 달래어 준다.
"이딘-다간, 당신은 진정 나의 사랑하는 자입니다."
(William W. Hallo, *The Context of Scripture*, vol. I, 1997, p. 558)

왕이 신격화되어 여사제와 결합하는 이러한 의식은 두무지와 이난나의 결합을 상징하며, 메소포타미아 사람들은 이러한 의식이 여성들로 하여금 쉽게 임신할 수 있도록 도와주고, 땅에도 풍요를 가져다준다고 믿었다. 그러나 왕과 여사제 간에 실제로 결혼이 이루어졌는지 아니면 이 모든 의식이 단지 상징적인 행위로만 이루어졌는지는 정확히 알 수 없다.

이러한 성혼례와 관련된 문서들과 문헌들 중에서 다음의 수메르어 사랑 노래는 비록 화자가 두무지와 이난나인지는 확실하지는 않지만 남녀 간의 사

랑을 구약성경의 아가에서 발견되는 것과 비슷한 방식으로 표현하고 있다.

당신의 눈, 그 시선은 나를 기쁘게 하네
오너라 나의 사랑하는 누이여!
당신의 입, 그 말은 나를 기쁘게 하네
그녀의 어머니의 입,
나의 꿀처럼 달콤하고 감미로운 입이여
당신의 입술, 그 입맞춤은 나를 기쁘게 하네
오너라 나의 사랑하는 누이여!
(William W. Hallo, *The Context of Scripture*, vol. I, 1997, p. 541)

앞에서 보았던 아가와 이집트 사랑 노래들과 마찬가지로 이 수메르어 사랑 노래에서도 역시 남자는 자신의 사랑하는 여인을 누이라고 부른다. 남자는 또한 자신의 연인에게 어서 와서 사랑을 나누자고 종용한다. 이는 마치 아가에서 남자가 자신의 사랑하는 여인에게 함께 사랑의 보금자리로 가자고 종용하는 내용을 연상케 한다. "나의 사랑, 내 어여쁜 자야 일어나서 함께 가자"(2 : 10, 13). 한편 아가 4 : 9~11에서는 위의 수메르어 사랑 노래처럼 여인의 시선이 남자의 마음을 설레게 한다는 내용, 그리고 그 여인의 감미로운 입술을 찬양하는 문구들이 나타나고 있다.

또한 수메르의 왕 슈신(Shu-Sin)이 사랑하던 연인의 독백으로 이루어진 다음의 시에는 아가에 나오는 내용과 비슷한 표현들이 많이 담겨 있다.

신랑이여, 내 가슴 속의 사랑하는 이여,
꿀같이 달콤한 그대의 아름다움이여,
사자여, 내 가슴 속의 사랑하는 이여,
꿀같이 달콤한 그대의 아름다움이여,

당신은 나를 사로잡았고,
나는 당신 앞에 떨며 서 있습니다.
신랑이여, 나를 침실로 데려가 주세요.
당신은 나를 사로잡았고,
나는 당신 앞에 떨며 서 있습니다.
사자여, 나를 침실로 데려가 주세요.

신랑이여, 당신을 어루만지겠습니다.
나의 소중한 애무는 꿀보다 달콤합니다.
침실에는 향긋함이 가득하고,
우리는 당신의 아름다움을 만끽합니다.
사자여, 당신을 어루만지겠습니다.
나의 소중한 애무는 꿀보다 달콤합니다.
(Samuel N. Kramer, 「역사는 수메르에서 시작되었다」, 2000, p. 391)

고바빌로니아 시대에 수메르어로 기록된 한 문서에는 루딩기라라는 한 남자가 자신의 어머니를 찬양하는 내용이 기록되어 있는데, 물론 이 문서는 연인들 간의 사랑을 노래한 것은 아니지만 그 내용이 아가의 일부 구절들과 유사하다. 예를 들어 위에서 보았듯이 한 이집트 사랑 노래와 아가 4 : 12~5 : 1은 사랑하는 여인을 각종 식물이 가득한 동산의 모습으로 비유하였다. 이 수메르어 문서에서도 마찬가지로 여인(어머니)은 동산의 이미지로 묘사되고 있다.

기쁨의 동산,
즐거움이 가득한 동산이여
물 뿌린 소나무,

솔방울로 장식되어 있는 소나무여
봄철의 꽃, 첫 열매여
물을 공급하는 도랑,
풍성한 물을 정원지로 나르네
딜문에서 온 달콤한 대추 열매여,
가장 좋은 대추 열매로다
(Jerrold S. Cooper, "New Cuneiform Parallels to the Song of Songs," *JBL* 90 (1971), p. 161)

아가 1 : 2~4에서 여인은 자신이 사랑하는 남자를 왕이라고 부르면서 그와 함께 어서 빨리 사랑의 기쁨을 나누고 싶은 욕망을 강하게 표출한다.

내게 입맞추기를 원하니
네 사랑이 포두주보다 나음이로구나
네 기름이 향기로워 아름답고
네 이름이 쏟은 향기름 같으므로
처녀들이 너를 사랑하는구나
왕이 나를 그의 방으로 이끌어 들이시니
너는 나를 인도하라
우리가 너를 따라 달려가리라
우리가 너로 말미암아 기뻐하며 즐거워하니
네 사랑이 포두주보다 더 진함이라
처녀들이 너를 사랑함이 마땅하니라
(1 : 2-4)

이와 비슷한 주제와 표현들이 한 젊은 여인이 슈수엔(Shu-Suen)이라는 남자에게 부르는 수메르어 사랑 노래에서도 발견된다.

오, 내 주 당신과 부하들이 나에게로 향해 오기를
소년이여, 나는 당신에게서 도망쳐 침실로 가리다
오, 당신이 모든 달콤한 일들을 내게 행해 주기를
나의 사랑스러운 자여,
당신은 꿀처럼 달콤한 것을 가져 오리이다
꿀처럼 향기로운 침실 구석에서
우리 함께 당신의 감미로운 매력을 즐기고 또 즐기자

(Thorkild Jacobsen, *The Harps that Once... : Sumerian Poetry in Translation*, 1987, p. 88)

한편 아가 5 : 2~8에는 연인을 애타게 기다리며 찾아 헤매는 여인의 안타까운 심정이 묘사되어 있다. 이 여인은 잠을 자는 중에도 그리움에 사무쳐서 사랑하는 남자가 그녀의 집의 문을 두드릴까 잠을 설친다. 특히 7~8절에서 이 여인은 사라진 연인을 찾아다니다가 성 안을 순찰하는 파수꾼들에게 부당한 대우를 받게 된다.

그런데 수메르어 사랑 노래들 중에서 이와 같이 문, 파수꾼의 주제들을 담고 있는 노래가 하나 있다. 한 어린 신부가 그녀의 집에 거하면서 사라진 그녀의 연인을 애타게 기다리는 내용인데 여기에서 이 신부는 자신의 연인을 '우리 사위'라고 부른다.

오 우리 사위여,
당신이 날이 지나가게 하고
오 우리 사위여,
당신이 밤이 오게 하고

당신이 달빛이 들어서게 하고
별빛이 사라지게 할 때
나는 이제 당신을 위하여
내 방문의 고리를 열어두네
뛰소서, 빨리 오소서
(중략)
성벽 주위로 파수꾼이 있네
파수꾼이 지나가면
오 우리 사위여,
파수꾼이 쉬러 들어가면
손으로 여명을 움켜 잡으소서
그 어떤 무엇이든
동이 터오기 시작하니
서둘러 오소서 우리 집으로

(Thorkild Jacobsen, *The Harps that Once... : Sumerian Poetry in Translation*, 1987, p. 90)

3. 아가와 우가릿 문헌

아쉽게도 북서 셈어권의 문헌에서 사랑 노래의 장르에 포함시킬 수 있을 만한 작품은 구약성경에 있는 아가가 유일하다. 그렇지만 우가릿의 키르타 서사시(Kirta Epic)에서 키르타가 자신이 아내로 맞이하길 원하는 여인을 묘사하는 장면은 아가의 내용을 연상시킨다.

당신은 우리 집에 부족한 것을 주셔야 합니다
내게 여종 후라야를 주세요

당신의 첫째들 중에서 최고의 여인입니다
그녀의 선함은 마치 아나투의 선함과 같고
그녀의 아름다움은 마치 아티라투의 아름다움과 같습니다
그녀의 눈의 동공은 순 청금석과 같고
그녀의 눈은 마치 설화석고 그릇과 같고
그녀는 마치 루비를 두른 듯 합니다
나는 그녀의 눈빛 안에서 쉬고 싶습니다
(William W. Hallo, *The Context of Scripture*, vol. I, 1997, p. 335)

한편 우가릿 최고의 신 엘과 두 여신들 사이에서 쌍둥이 샤하르(새벽)와 샬림(초저녁)이 태어나는 내용을 담은 제의문서인 KTU 1.23에는 다음과 같은 내용이 나온다. 물론 이 문서는 사랑 노래는 아니지만 구약성경의 아가에서 볼 수 있는 것과 비슷한 표현들이 여기에도 등장한다.

그는 몸을 구부려 그녀들의 입술에 입을 맞춘다
그녀들의 입술이 얼마나 감미로운지 보라
감미롭기가 마치 석류와 같도다
그가 입을 맞추자 그들은 임신을 하고
그가 끌어안자 욕망이 넘쳐난다
그 둘은 몸을 웅크려 샤하르(새벽)와 샬림(초저녁)을 낳았다
(Mark S. Smith, *The Rituals and Myths of the Feast of the Goodly Gods of KTU/CAT 1.23*, 2006, pp. 95-96)

지금까지 살펴보았듯이 아가에 있는 것과 유사한 내용이 고대 이집트와 메소포타미아의 사랑 노래들에서도 흔히 발견된다. 그렇다면 구약성경의 아가가 이러한 고대 근동의 사랑 노래들의 영향을 받은 것이라고 볼 수 있을

까? 많은 학자들이 이 질문에 긍정적으로 대답할 것이다. 하지만 패트모어(Hector Patmore)는 아가와 고대 이집트의 사랑 노래들과 유사점들이 발견된다는 이유로 아가를 단순한 세속적인 사랑 노래 그 이상도 이하도 아닌 것으로 치부해 버린 팍스의 연구방법론과 결론에 문제를 제기하였다(Hector Patmore, "'The Plain and Literal Sense': On Contemporary Assumptions about the Song of Songs," *Vetus Testamentum* 58 (2006), pp. 239-250). 패트모어는 아가와 이집트의 사랑 노래들 사이의 유사점보다는 차이점에 주목한다. 우선 아가는 적어도 두 사람 이상의 인물이 상호 간에 주고받는 대화로 구성되어 있는 반면에 이집트의 사랑 노래들은 주로 독백의 형식으로 이루어져 있다. 또한 아가에서 가장 두드러지게 나타나는 사라진 연인을 찾아 헤맨다는 주제(1:7; 3:1-4; 5:6), 그리고 함께 외딴 곳으로 가자고 요청하는 주제(2:10-13; 4:8; 7:12-13)는 정작 고대 근동의 다른 사랑 노래들에서는 나타나지 않는다.

팍스가 아가와 이집트의 사랑 노래 사이의 유사점으로 지적한 주제들, 예를 들어 상대방의 외모를 칭찬하는 내용, 동산에서 사랑을 나누는 내용 같은 것들은 패트모어가 지적한 대로 아가와 이집트의 사랑 노래에서만 발견될 수 있는 그러한 특수한 주제들이 아니다. 남녀의 사랑을 말하는 여느 이야기에서도 노래할 만한 일반적인 내용들이다. 이러한 주제들이 공통적으로 발견된다고 하여 이를 문학적 영향 관계를 규정하는 기준으로 삼을 수는 없는 것이다.

현재 우리에게 전해 오는 작품들만으로 판단하기에는 아직 고대 근동의 사랑 노래들과 아가 사이에 직접적인 영향 관계가 있었다고 보기는 어렵다. 그보다는 앞에서 본 고대 근동의 여러 사랑 노래들은 이스라엘을 포함한 고대의 여러 문화권에서 남녀의 성과 사랑이 문학적 표현과 가무의 주제가 되었다는 사실을 보여 준다고 하겠다. 그러므로 어느 문화권에서든 사랑에 대한 공통적이고 일반적인 개념들이 비슷한 표현양식을 통하여 나타나는 것은 전혀 이상한 일이 아닐 것이다.

H. 구조적 통일성

아가가 사랑 노래라는 점에는 거의 모든 학자들이 동의를 하지만, 과연 이 책이 출처가 다른 여러 노래들이 무질서하게 결합되어 있는 것인지, 아니면 한 사람이 저작했거나 또는 수집하여 편집한 통일성이 있는 작품인지에 대해서는 학자들의 견해가 분분하다. 하나 주목할 만한 사실은 기원을 달리하는 여러 노래들을 아가에서 발견할 수 있다고 주장하는 학자들 중에서 이 여러 노래들을 따로 분리하여 각 노래들의 저자, 연대, 기원의 문제를 밝히거나 아니면 밝히려고 시도한 사람은 아직 없다는 것이다. 또한 이러한 학자들 중에서도 아가에는 도대체 모두 몇 개의 노래가 포함되어 있는지, 어디부터 어디까지가 한 노래이며, 어디부터 어디까지가 또 다른 노래인지에 대해서도 의견의 일치가 전혀 이루어지지 않고 있다.

이에 반해 아가의 구조적 통일성을 보여 주는 증거들이 존재한다. 팍스(Michael V. Fox, *The Song of Songs and the Ancient Egyptian Love Songs*, 1985, pp. 209－222)는 이러한 증거들을 크게 네 가지로 제시하였다.

첫 번째 증거는 바로 같은 어구나 표현의 반복이다. 예를 들어 사랑하는 자를 '노루와 어린 사슴'이라고 지칭하는 어구는 2 : 9, 17, 8 : 14에 반복된다. 그리고 "거친 들에서 오는 자가 누구인가"라는 문장은 3 : 6과 8 : 5에 공통적으로 등장한다. 마찬가지로 "예루살렘 딸들아…… 내가 너희에게 부탁한다"라는 간청은 2 : 7, 3 : 5, 5 : 8, 8 : 4에 나타난다. 또한 "내 사랑아 너는 어여쁘고 어여쁘다 네 눈이 비둘기 같구나"라는 감탄문은 1 : 15과 4 : 1에, 그리고 "네 두 유방은 암사슴의 쌍태 새끼 같다"는 표현은 4 : 5과 7 : 3(히 7 : 4)에 반복적으로 나온다. 그 외에도 여러 표현들이 아가 곳곳에서 반복적으로 언급되고 있다.

두 번째 증거는 같은 어구나 주제가 여러 곳에서 같은 순서로 나타난다는 점이다. 예를 들어 1 : 15과 4 : 1에서 "내 사랑 너는 어여쁘고도 어여쁘다"라는 말 뒤에는 바로 "네 눈이 비둘기 같다"라는 표현이 이어서 나온다. 또한 2 : 16~17과 4 : 5~6의 "백합화 가운데서"라는 어구 뒤에는 "날이 저물고 그림자가 사라지기 전에"라는 문장이 이어지고 있다. 또한 우리말 번역으로는 발견할 수 없지만, 히브리어로 보면 7 : 11~12(히 7 : 12－13)은 1 : 13~14에 나오는 네 개의 단어와 발음이 비슷한 또 다른 네 개의 단어를 사용하여 언어유희를 하고 있는 것을 알 수 있다. 이 언어유희에 사용된 단어들은 두 곳에서 모두 같은 순서대로 배열되어 있다. 이렇게 같은 표현이 같은 순서로 등장하는 것은 서로 관계가 없는 노래들 속에서는 쉽게 발견되지 않는 특징이다. 그러므로 여기에서 우리는 동일한 저자 또는 편집자의 손길을 느낄 수가 있는 것이다.

세 번째 증거는 아가 전체를 통해서 주인공은 남자와 여자, 단 두 명뿐이라는 점이다. 게다가 이 두 남녀는 처음부터 끝까지 일관된 성격을 지닌 것으로 묘사된다. 여인은 자신의 사랑에 대해 매우 적극적이고 자신의 감정을 전혀 숨기지 않는다. 두 연인 사이의 사랑은 전혀 흔들림이 없다. 아가에서 이 두 연인들 이외의 다른 목소리는 발견되지 않는다는 사실은 이 책의 통일성을 말할 수 있는 매우 중요한 근거가 된다.

마지막으로 팍스는 아가의 내용이 일관되게 봄철을 배경으로 전개되고 있다는 사실을 지적한다. 또한 우리는 아가의 발단 부분(1 : 5－6)에서 여주인공의 오빠들이 누이의 사랑을 통제하려는 성향이 있다는 것을 발견할 수 있는데, 아가의 결론부(8 : 8－9)에서는 이 두 인물들 사이의 갈등이 해소되어 오빠들도 누이의 사랑을 인정하게 된다. 그리고 이 책의 결말은 이 여주인공이 자신의 강한 사랑을 자신 있게 천명하게 되는 내용으로 장식된다. 이러한 내용은 문학적으로 보았을 때 아가의 결론으로 만족할 만하며, 이는 역시 아가 전체의 통일성을 알려 주는 증거로 볼 수 있다.

팍스가 제시한 것들 외에 또 하나의 증거를 제시하자면 아가 전체에 걸쳐 후렴구가 반복되어 나타난다는 사실이다. 아가에는 중요한 주제를 반복하여 강조하기 위한 이러한 후렴구가 모두 다섯 개가 존재한다.

1. 포옹하는 연인들

연인들이 서로 끌어안고 있는 내용을 담은 후렴구가 2 : 6과 8 : 3에 두 번 등장한다.

그가 왼팔로 내 머리를 고이고
오른팔로 나를 안는구나
(2 : 6)

너는 왼팔로는 내 머리를 고이고
오른손으로는 나를 안았으리라
(8 : 3)

2. 사랑에 대한 경고

그런데 특이하게도 이 두 번 모두 바로 뒤이어서 사랑에 대한 일종의 경고가 나타난다. 여자는 예루살렘의 딸들에게 다음과 같이 사랑에 대하여 반복적으로 경고해 준다.

예루살렘 딸들아
내가 노루와 들사슴을 두고

너희에게 부탁한다
내 사랑이 원하기 전에는
흔들지 말고 깨우지 말지니라
(2 : 7)

본문 주석에서 설명했지만, 이 말은 내가 사랑하는 사람이 자고 있으니 깨우지 말라는 의미가 아니고, 모든 사랑에는 적절한 때가 있으니 그때가 이르기 전에는 억지로 사랑을 일깨우지 말라는 의미이다. 여인이 예루살렘 딸들에게 하는 이러한 간청은 3 : 5과 8 : 4에도 반복되어 나타난다.

3. "……한 자(것)는 누구(무엇)인가"

3 : 6, 6 : 10, 8 : 5에는 "……한 자는 누구인가" 하는 독특한 양식의 질문이 등장한다.

몰약과 유향과
상인의 여러 가지 향품으로 향내 풍기며
연기 기둥처럼
거친 들에서 오는 자가 누구인가
(3 : 6)

아침 빛같이 뚜렷하고
달같이 아름답고 해같이 맑고
깃발을 세운 군대같이
당당한 여자가 누구인가
(6 : 10)

그의 사랑하는 자를 의지하고
거친 들에서 올라오는 여자가 누구인가
(8 : 5a)

이러한 질문 양식은 바로 뒤이어서 답이 나오기를 기대하게끔 하지만 사실 그 답이 명백할 때는 굳이 답이 제시되지 않기도 한다. 이사야 63 : 1과 예레미야 46 : 7~8에는 이와 유사한 질문 양식이 나온다.

에돔에서 오는 이 누구며
붉은 옷을 입고 보스라에서 오는 이 누구냐
그의 화려한 의복
큰 능력으로 걷는 이가 누구냐
그는 나이니 공의를 말하는 이요
구원하는 능력을 가진 이니라
(사 63 : 1)

강의 물이 출렁임 같고
나일 강이 불어남 같은 자가 누구냐
애굽은 나일 강이 불어남 같고 강물이 출렁임 같도다
그가 이르되 내가 일어나 땅을 덮어
성읍들과 그 주민을 멸할 것이라
(렘 46 : 7-8)

이러한 질문 양식은 사실 진정한 의미의 질문이라기보다는 이제 곧 언급할 내용에 대하여 주의를 환기시키고, 강조하는 기능을 하고 있다. 아가 3 : 6은 사막에서 다가오는 솔로몬의 가마 행렬을, 6 : 10은 사랑하는 여인을, 8 : 5

은 분명하지는 않지만 아마도 아가의 남녀 주인공의 뛰어나고 아름다운 모습을 강조하고 있는 것으로 보인다.

4. 서로에게 속함

아가의 연인들은 서로가 서로에게 속해 있다는 고백을 자주 한다. 이 내용은 2 : 16, 6 : 3, 7 : 10(히 7 : 11)에 나타난다.

> 내 사랑하는 자는 내게 속하였고
> 나는 그에게 속하였도다 (2 : 16a)

> 나는 내 사랑하는 자에게 속하였고
> 내 사랑하는 자는 내게 속하였으며 (6 : 3a)

> 나는 내 사랑하는 자에게 속하였도다
> 그가 나를 사모하는구나 (7 : 10)

이러한 반복적인 사랑의 고백을 통하여 아가의 연인들은 서로의 사랑을 확인하며 둘만의 배타적인 사랑의 관계를 더욱 확고하게 하고 있다.

5. 산과 동물들

아가 2 : 17, 4 : 5~6, 8 : 14에는 산, 노루와 어린 사슴 등을 포함한 다소 복합적인 후렴구가 등장한다.

> 내 사랑하는 자야

날이 저물고
그림자가 사라지기 전에 돌아와서
베데르 산의 노루와
어린 사슴 같을지라 (2 : 17)

네 두 유방은 백합화 가운데서
꼴을 먹는 쌍태 어린 사슴 같구나
날이 저물고 그림자가 사라지기 전에
내가 몰약 산과 유향의 작은 산으로 가리라 (4 : 5－6)

내 사랑하는 자야
너는 빨리 달리라
향기로운 산 위에 있는
노루와도 같고
어린 사슴과도 같아라 (8 : 14)

지금까지 살펴보았듯이 아가에는 크게 다섯 가지의 주요 후렴구가 나타나고 있다. 이렇게 유사한 후렴구가 아가 전체에 걸쳐서 반복적으로 나타난다는 사실은 아가의 구조적 통일성에 대한 논의에 있어서 아가를 하나의 통일된 작품으로 보려고 하는 입장을 어느 정도 뒷받침한다고 볼 수 있다.

그러나 여기서 우리가 착각하기 쉬운 것은 구조적 통일성이 곧 아가 전체가 한 저자에 의해 기록되었음을 말하는 것이 아니라는 점이다. 후대의 편집자도 자신이 수집한 여러 노래들에 위에 언급된 것과 같은 여러 일관된 요소들을 덧붙여 구조적 통일성을 부여할 수도 있기 때문이다. 실제로 아가에는 내용의 흐름이 자연스럽지 못한 부분이 많이 있으며, 책의 마지막 부분인 8 : 5~14에는 서로 연관성이 없어 보이는 여러 개의 짧은 시들이 한 데 묶여 있는 것으로 보인다.

그러므로 아가에는 오래 전부터 구전되거나 기록으로 전승되어 온 여러 사랑 노래들이 공존하고 있을 가능성이 높다. 그러나 아가는 무질서하게 아무 의미 없이 엮인 단순한 노래 모음집이 아니다. 앞에서 살펴보았듯이 아가는 일관된 주제와 표현으로 어느 정도의 통일성을 갖춘 훌륭한 하나의 작품이라고 할 수 있다. 또한 이 책의 제목인 שִׁיר(쉬르)가 단수 명사라는 사실 역시 적어도 아가의 편집자는 이 책을 여러 노래들의 모음집이 아닌 하나의 구성을 갖춘 노래로 간주하였다는 것을 암시하고 있다.

I. 아가의 구조

A.	1 : 1	표제
B.	1 : 2~6	포도주보다 나은 사랑
C.	1 : 7~2 : 7	연인들의 사랑의 대화
D.	2 : 8~17	사랑하는 남자의 방문
E.	3 : 1~5	사랑하는 남자를 발견함
F.	3 : 6~11	솔로몬의 행진
G.	4 : 1~7	신부의 아름다움
H.	4 : 8~5 : 1	여인의 아름다움에 대한 찬양
I.	5 : 2~6 : 3	사랑하는 남자의 아름다움
J.	6 : 4~12	여인의 아름다움에 대한 찬양
K.	6 : 13~7 : 6	여인의 아름다운 외모에 대한 묘사
L.	7 : 7~13	여인이 남자를 사랑의 자리로 초대함
M.	8 : 1~4	여인이 자신의 사랑이 인정받기를 원함
N.	8 : 5~14	죽음같이 강한 사랑

제 Ⅱ 부

본문 주석

아 가

A. 표제(1 : 1)

B. 포도주보다 나은 사랑(1 : 2－6)

C. 연인들의 사랑의 대화(1 : 7－2 : 7)

D. 사랑하는 남자의 방문(2 : 8－17)

E. 사랑하는 남자를 발견함(3 : 1－5)

F. 솔로몬의 행진(3 : 6－11)

G. 신부의 아름다움(4 : 1－7)

H. 여인의 아름다움에 대한 찬양(4 : 8－5 : 1)

I. 사랑하는 남자의 아름다움(5 : 2－6 : 3)

J. 여인의 아름다움에 대한 찬양(6 : 4－12)

K. 여인의 아름다운 외모에 대한 묘사(6 : 13－7 : 6)

L. 여인이 남자를 사랑의 자리로 초대함(7 : 7－13)

M. 여인이 자신의 사랑이 인정받기를 원함(8 : 1－4)

N. 죽음같이 강한 사랑(8 : 5－14)

| 아 가 |

본문 주석

A. 표제(1 : 1)

[1]솔로몬의 아가라

[1 : 1] "솔로몬의 아가라"

서문에서 언급했듯이 개역성경의 아가(雅歌)라는 말은 '아름다운 노래'를 가리킨다. 히브리어로는 שִׁיר הַשִּׁירִים(쉬르 하쉬림)인데 히브리어에서 이렇게 단수 연계형(쉬르)에 같은 명사의 복수형(쉬림)이 바로 뒤이어서 나오면 최상급을 의미하게 된다. 예를 들어 신명기 10 : 17은 하나님을 가리켜 "신 가운데 신이시며 주 가운데 주"라고 말하고 있는데, 이는 사실 "가장 높은 신이시며 가장 높은 주"시라는 의미인 것이다. 그러므로 שִׁיר הַשִּׁירִים(쉬르 하쉬림)이라는 표현은 '최고의 노래' 조금 의역하면 '가장 아름다운 노래'를 뜻한다.

따라서 개역성경의 아가라는 제목은 히브리어 쉬르 하쉬림의 무난한 번역이라고 볼 수 있다. 그리고 이 히브리어 표현은 이 책의 표제로 사용되고 있다.

이 쉬르 하쉬림 뒤에는 히브리어로 אֲשֶׁר לִשְׁלֹמֹה(아쉐르 리쉴로모)라는 수식어구가 있다. 말 그대로는 '솔로몬에게 속한'이라는 뜻이다. 여기에서 하나 주목할 만한 점은 아가에서 관계사는 항상 שֶׁ(쉐)가 사용되고 있지만 오직 1 : 1에서만 관계사 אֲשֶׁר(아쉐르)가 사용되고 있다는 것이다. 이는 1 : 1이 후대에 첨가된 부분임을 강력하게 시사한다고 볼 수 있다. אֲשֶׁר לִשְׁלֹמֹה(아쉐르 리쉴로모)라는 수식어구는 비록 '솔로몬에게 바쳐진' 또는 '솔로몬에 대한'의 의미를 가질 수도 있지만, 일반적으로는 솔로몬이 이 책의 저자임을 말해주는 것으로 보기에 문법적으로 별 무리가 없는 표현이다. 열왕기상 4 : 32에 의하면 솔로몬은 3,000개의 잠언을 말하였고 1,005편의 노래들을 만들었다. 유대교 전통에서는 솔로몬이 젊은 시절에 아가를 지었다고 보고 있다(민영진, 「전도서/아가」, 2009, p. 335). 사실 아가에는 솔로몬과 관련을 지을 수 있을 만한 내용들이 등장하기도 한다. 예를 들어 "예루살렘의 딸들"이 아가에 자주 언급되는데 이는 아가의 배경을 솔로몬이 거주하던 예루살렘과 연관 지어 생각하게끔 만든다. 또한 아가에 나타나는 각종 향수, 장신구, 금은보석, 향신료 등은 솔로몬 당시의 풍요로움을 연상케 한다(왕상 10 : 22-29). 더욱이 솔로몬은 후궁이 700명과 첩 300명을 거느렸던 것으로 알려져 있다(왕상 11 : 3). 이러한 솔로몬의 여성 편력에 대한 전승 덕분에 성경 편집자들에게 있어서 아가와 같은 사랑 노래의 원작자로 솔로몬보다 더 적합하게 보이는 인물은 없었을 것이다.

그럼에도 불구하고 1 : 1을 제외하고는 아가에는 솔로몬을 저자로 볼 만한 직접적인 단서는 나타나지 않는다. 솔로몬이라는 이름은 아가 전체에 여섯 번 나타나는데(1 : 5 ; 3 : 7, 9, 11 : 8 : 11, 12), 그 어디에서도 솔로몬은 노래의 주인공이 아니다. 특히 8 : 11~12에서 아가의 남자 주인공은 자신의 사랑이 솔로몬의 사랑보다 더 위대함을 솔로몬의 포도원에 빗대어 강조하고 있다. 그러므로 솔로몬은 절대로 이 부분의 저자가 될 수는 없는 것이다.

아가의 서두에 붙은 אֲשֶׁר לִשְׁלֹמֹה(아쉐르 리쉴로모)라는 수식어구는 수많은 시편들의 표제에 나타나는 לְדָוִד(르다위드)라는 어구와 비슷한 것으로 볼 수 있다. 많은 학자들은 이러한 시편의 표제들을 제2성전 시대의 서기관들이 예전부터 전해 내려오던 여러 시와 노래들을 이스라엘의 역사적 사건 및 인물들과 결부시켜 재해석한 결과로 보고 있다(Elieser Slomovic, "Toward an Understanding of the Formation of Historical Titles in the Book of Psalms," 1979, pp. 350－380). 이와 마찬가지로 아가의 편집자는 아가 전체를 이스라엘의 지혜의 왕 솔로몬의 저작으로 돌리려는 의도를 가지고 1：1의 표제어를 추가했다고 볼 수 있다.

B. 포도주보다 나은 사랑(1：2－6)

(여자)

2내게 입맞추기를 원하니
네 사랑이 포도주보다 나음이로구나
3네 기름이 향기로워 아름답고
네 이름이 쏟은 향기름 같으므로
처녀들이 너를 사랑하는구나
4왕이 나를 그의 방으로 이끌어 들이시니
너는 나를 인도하라
우리가 너를 따라 달려가리라
우리가 너로 말미암아 기뻐하며 즐거워하니

네 사랑이 포도주보다 더 진함이라
처녀들이 너를 사랑함이 마땅하니라
5예루살렘 딸들아
내가 비록 검으나 아름다우니
게달의 장막 같을지라도
솔로몬의 휘장과도 같구나
6내가 햇볕에 쬐어서 거무스름할지라도
흘겨보지 말 것은
내 어머니의 아들들이 나에게 노하여
포도원지기로 삼았음이라
나의 포도원을 내가 지키지 못하였구나

[1 : 2] "내게 입맞추기를 원하니"

히브리어를 직역하면 "그가 그의 입의 키스들로 내게 키스하기를 원한다."는 의미이다. 일부 주석가들은 마소라 본문의 נשק(나샤크, 키스하다)를 שקה(샤카아, 마시다)로 고쳐 읽기도 한다. 그러나 다른 주요 고대 번역본들에도 שקה(샤카아, 마시다)로 읽은 증거가 없고, 이렇게 고쳐 읽는다 해도 해석상 더 나을 것이 없으므로 여기서는 마소라 본문을 그대로 따르기로 한다. 여인은 제일 처음 노래부터 강렬한 사랑의 욕구를 서슴없이 표현한다. 만일 아가가 전달하고자 하는 핵심 내용이 인간을 향한 하나님의 사랑이라면, 그에 대한 아무런 예고나 암시도 없이 책의 첫 노래가 이렇게 여자의 강렬한 신체적인 사랑의 욕구 표현으로 시작되는 것을 어떻게 설명할 수 있겠는가?

개역성경에는 인칭이 제대로 반영되어 있지 않지만, 위에 언급한 대로 2절에서 상대 남자는 '그'라는 3인칭으로 불린다. 그러나 바로 다음 줄에서 3인칭은 2인칭으로 바뀐다. 그러다가 4절에 가서는 1인칭 복수형인 '우리'가 된다. 인칭 변화는 시가에서 종종 발견되는 현상이다. 예를 들어 신명기 32 :

15, 이사야 1 : 29, 예레미야 22 : 24, 미가 7 : 19, 그리고 유명한 시편 23편 등에서도 이러한 인칭의 갑작스런 변화를 발견할 수 있다. 또한 아가에서는 둘만의 대화에서도 2인칭이 아닌 3인칭을 사용하는 경우들이 있다(1 : 12 ; 2 : 1-3 ; 4 : 6 ; 6 : 9 ; 7 : 11). 히브리어에서는 주로 상대를 더 높이고 존중하는 어조를 나타낼 때 이렇게 3인칭을 사용하는 경우들이 있다(M. V. Fox, *The Song of Songs and the Ancient Egyptian Love Songs*, 1985, p. 266). 따라서 여기에서 여자가 남자를 3인칭으로 부르는 것은 남자를 향한 그녀의 존경과 사랑의 표현으로 이해할 수 있다.

"네 사랑이 포도주보다 나음이로구나"

이와 똑같은 표현이 4 : 10에도 나온다. 개역성경의 '낫다'라는 번역은 비교를 나타내는 전치사 מִן(민)과 함께 사용된 히브리어 단어 טוֹבִים(토빔)을 옮긴 것이다. 물론 이 단어가 일반적인 의미로 '좋다'는 뜻을 나타내지만, 일부 주석가들은 우가릿 문헌에서 yn ṭb가 '달콤한 포도주'를 의미한다는 사실을 근거로 위의 문장을 "포도주보다 더 달다"라고 번역한다(W. F. Albright, "Archaic Survivals in the Text of Canticles," 1963, 2 ; Marvin Pope, *Song of Songs : A New Translation with Introduction and Commentary*, 1977, p. 298). 그렇지만 이러한 번역은 본문의 내용을 포도주의 맛에만 한정시키기 때문에 적절하지 못하다. 본문에서는 포도주가 사랑과 직접 비교의 대상이 되고 있다. 포도주가 사랑의 비교 대상이 되려면 포도주라는 단어에서 단순히 포도주의 맛, 즉 사랑의 달콤함뿐만 아니라 그 외에도 사랑의 감정 및 분위기까지 연상이 되어야 한다. 그러므로 오히려 개역성경의 '낫다'라는 단어가 포도주가 가진 맛과 향, 포도주가 불러일으키는 분위기와 낭만 등을 모두 포괄할 수 있는 광범위한 개념이어서 본문에 더 어울리는 번역이라고 볼 수 있다.

개역성경의 번역에는 반영되어 있지 않지만 히브리어 כִּי(키)는 '이유'를 나타내는 일반적인 용법 이외에도 강조의 의미로 사용될 수 있다(W. F.

Albright, "Archaic Survivals in the Text of Canticles," 1963, 2 no. 3). 따라서 위의 문장은 "참으로 네 사랑이 포도주보다 낫구나"로 옮길 수 있다.

[1 : 3] "네 기름이 향기로워 아름답고"

고대 근동지방 사람들은 날씨가 더워 땀이 많이 나기 때문에 향을 내는 기름 또는 향수를 많이 사용하였다. 그러나 최상급의 향품들은 부자들만 가질 수 있는 매우 귀한 물건이었다. 히스기야가 바빌로니아의 사신들에게 보여 준 왕궁의 보화들 중에서 금과 은과 함께 '향품과 보배로운 기름'이 언급되고 있다는 사실이 이를 잘 보여 준다. 그러므로 아가의 여인은 자신이 사랑하는 남자의 사랑이 자기에게 얼마나 귀하고 소중한지를 '좋은 기름'에 빗대어 말하고 있는 것이다.

히브리어 לְרֵיחַ(르레아흐)에서 전치사 לְ(르)가 어떤 의미로 사용된 것인지에 대해서 논란이 있어 왔다. 우선 올브라이트의 견해를 따라서 이 전치사를 비교의 의미로 이해한다면 이 문장은 바로 앞 2절의 문장과 연결되는 것으로 볼 수 있다. 즉, "네 사랑이 포도주보다 낫고, (네 사랑이) 네 기름의 향보다 낫구나"로 해석이 가능해진다. 두 번째 가능성은 이 전치사를 강조의 의미로 보아 '참으로'라고 해석하는 것이다. 이 경우 바로 앞 2절의 כִּי(키)와 의미상 병행을 이루게 된다. 세 번째로 이 전치사는 '~무엇에 관하여는'의 의미를 가질 수 있는데 이를 이 문장에 적용해 보면, "향기에 관하여 말하자면 네 기름이 좋구나"라고 번역할 수 있다. 이 세 가지 중에서 필자는 세 번째의 것이 본문의 לְ(르)를 가장 정확하게 설명하고 있다고 생각한다.

"네 이름이 쏟은 향기름 같으므로"

개역성경은 바로 앞 문장에 사용된 '기름'에 시적 변화를 주기 위해 '향기름'으로 옮긴 듯하다. 그러나 히브리어 단어는 똑같은 '기름'이다. 히브리어로 기름은 쉐멘(שֶׁמֶן)이고 이름은 쉠(שֵׁם)이다. 아가의 저자는 발음이 비슷한 두 단어를 같은 문장에 배치하여 언어유희를 하고 있는 것이다. 많은 경우 히브리어의 언어유희는 우리말로 전달하기가 쉽지 않지만, 이 경우에는 '기름'과 '이름'의 발음이 서로 비슷하기 때문에 우리말로도 훌륭한 언어유희의 효과를 볼 수 있다.

개역성경의 "쏟은"이라는 번역은 히브리어 תורק(투라크)를 옮긴 것이다. 아마도 이 단어를 '비우다'를 의미하는 히브리어 ריק의 수동태로 이해한 것이겠지만, 여기에는 문제가 있다. 히브리어로 '기름'(쉐멘)은 남성이지만, רק תו(투라크)는 여성형 동사인 것이다. 히브리어 성경에서 이러한 성의 불일치가 발견되지 않는 것은 아니지만, 그래도 예외적인 경우를 적용해서 문제를 해결하려는 것은 건전한 본문비평의 방법이 아니다. 전승과정에서 서기관의 실수가 있었을 것으로 보고 투라크의 자음을 바꾸어 읽는 시도들도 있어 왔지만 모두 만족스럽지는 못하다. 포프(Pope)와 팍스(Fox)는 תורק(투라크)를 향기 나는 기름의 일종으로 보아서 그냥 '투라크 기름'으로 번역하였다.

이 문장에서 이렇게 귀한 기름에 비유되는 것은 사랑하는 연인의 이름이기 때문이다. 고대 이스라엘인들은 사람의 이름에 그의 본질이 담겨 있다고 생각했다. 사무엘상 25 : 25을 보면 "그의 이름이 그에게 적당하니 그의 이름이 나발이라 그는 미련한 자니이다"라는 말이 나온다. 다시 말해서 한 사람의 이름은 곧 그 사람의 근본적인 성품을 나타낸다는 것이다. 이러한 사고는 점차로 확장되어서 하나님에 대한 이해에도 영향을 미쳤다. 소위 신명기계 역사서에 나타나는 독특한 사상들 중의 하나는 바로 예루살렘 성전에 하나님을 대신하여 하나님의 '이름'이 거하신다는 것이다. 열왕기상 8장에 있는 솔로몬의 기도에 바로 이러한 사상이 잘 드러나 있다. 성전을 짓고 난 후에 솔로몬은 성전을 봉헌하며 하나님께 이렇게 기도한다. "하나님이 참으로 땅에 거하시리이까 하늘과 하늘들의 하늘이라도 주를 용납하지 못하겠거든 하물며 내가 건축한 이 성전이오리이까…… 주께서 전에 말씀하시기를 내 이름이 거기 있으리라 하신 곳 이 성전을 향하여 주의 눈이 주야로 보시오며 주의 종이 이 곳을 향하여 비는 기도를 들으시옵소서"(왕상 8 : 27-29). 하나님의 '이름'

은 하나님 대신에 성전에 거하실 정도로 하나님과 사실상 동격으로 여겨지게 된 것이다. 십계명의 명령처럼 우리가 하나님의 이름을 망령되게 부르면 안 될 이유가 바로 여기에 있다. 하나님의 이름은 곧 하나님 자신을 나타내는 것이기 때문이다.

"처녀들이 너를 사랑하는구나"

여기에서 '처녀들'로 번역된 히브리어 단어 עֲלָמוֹת(알라모트)는 성경험이 있든지 그렇지 않든지 상관없이 성적으로 성숙한 여인들을 가리킨다. 그러므로 이 단어를 '처녀들'로 옮기기보다는 '젊은 여인들' 정도로 번역하는 것이 더 낫다. 이 여인들이 아가에 자주 언급되는 예루살렘 딸들 또는 시온의 딸들과 동일한 인물들인지 아닌지는 분명하지 않다. 아마도 이 여인들은 예루살렘의 딸들과 같은 구체적인 한 무리의 여자들을 지칭한다기보다는 그냥 여자를 일반화시킨 표현으로 보는 것이 더 적합할 것이다.

아가의 여주인공은 다른 여자들도 자신의 연인을 사랑한다고 말하고 있다. 만일 그렇다면 질투가 일어나지 않을까? 아마도 아가의 여인은 자신이 사랑하는 남자가 얼마나 사랑스러운지 자랑을 하고 있는 것이리라. 그리고 그녀는 그 남자가 자기를 사랑한다는 확신을 가지고 있었을 것이다. 본문의 표현은 그러한 사랑에 대한 확신과 상대방에 대한 신뢰가 바탕이 되어야만 할 수 있는 말이다.

[1 : 4] "왕이 나를 그의 방으로 이끌어 들이시니"

갑작스런 왕의 등장은 많은 해석상의 문제를 불러왔다. 아가를 알레고리로 해석하는 경우, 이 왕은 다름 아닌 하나님 또는 그리스도이다. 아가를 한 편의 연극으로 보려는 사람들은 이 구절에서 솔로몬 왕이 여자를 자기의 왕궁으로 데려가는 장면을 재구성하였다. 또한 아가를 혼인예식 노래로 해석하는 학자들은 이 구절에 언급된 왕이 신랑을 가리키는 것이라고 주장한다. 그러나 서론에서 보았듯이 이러한 해석들은 아가 전체를 이해하는 데 있어서는 적절하지 못하다. 여기에서 '왕'은 제3의 인물이 아닌, 바로 여자가 사랑하는 남자를 부르는 애칭으로 볼 수 있다. 아가에서 두 연인들은 서로를 집으로 초대하여 둘만의 시간을 갖기를 원하는 소망을 표출하곤 한다(2 : 4 ; 3 : 4 ; 8 : 2).

"우리가 너를 따라 달려가리라 우리가 너로 말미암아 기뻐하며 즐거워하니"

여기에 언급된 '우리'는 도대체 누구인가? 우선 여기의 '우리'는 화자인 여인과 3절에 언급된 '처녀들'을 가리킬 수가 있을 것이다. 그러나 만일 그렇다면 주인공인 여자가 자신의 남자와 방에서 시간을 보내는데 왜 다른 처녀들이 그녀와 함께 그를 따라가야 하는지, 그리고 왜 그로 인해 함께 기뻐하며 즐거워해야 하는지 의문이 생긴다. 또 하나의 가능성은 여기서 '우리'란 여인 자신과 그녀의 남자를 가리키는 경우이다. 하지만 이렇게 보더라도 우리 안에 남자가 포함되기 때문에 결국엔 남자가 자기 자신으로 말미암아 기뻐하며 즐거워해야 하는 문제가 발생한다. 따라서 '우리'는 앞에서 본 것처럼 인칭의 다변화를 의도한 표현으로 보는 것이 더 적절하다고 본다. 다시 말해서 화자인 여자는 자기 자신을 가리키는 '나' 대신에 시적 인칭변화를 가미하여 '우리'라고 부른 것이라는 말이다.

"네 사랑이 포도주보다 더 진함이라 처녀들이 너를 사랑함이 마땅하니라"

'마땅하니라'로 번역된 히브리어 단어는 מֵישָׁרִים(메샤림)이다. 그러나 사실 이 단어는 일반적으로 도덕적으로 '옳은 것'을 말하기 때문에 의미상 본문에는 적합하지 않은 것으로 보인다. 그리스어와 라틴어 역본들도 "의로움(또는 의로운 자가)이 너를 사랑하는구나"로 옮기고 있어서 문맥에서 벗어나 있다. 따라서 이 단어를 다른 방식으로 읽으려는 다양한 시도들이 있어 왔다. 어떤 이는 이 단어가 아가 7 : 9(히 7 : 10)과 잠언 23 : 31에서 포도주가 '미끄럽게' 넘어가는 것을 표현하기 위해 사용되었다는 것을 근거로 이를 "부드러운 포도주"로 번역하였다(Michael V. Fox, *The Song of Songs and the Ancient Egyptian Love Songs*, 1985, pp. 98－99). 어떤 학자는 우가릿어와 아람어를 바탕으로 מֵרָשׁ(메라쉬)라는 단어를 유추해 내어 이를 "새 포도주"로 옮겼다(T. H. Gaster, "Canticles 1.4," 1961, p. 195). 그 외에도 아카드어 mušartu '연인' 또는 mušaru '음경'을 근거로 מֵישָׁרִים(메샤림)을 '성적 능력'을 나타내는 말로 이해하려는 시도도 있었다(N. H. Tur-Sinai, *The Tongue and the Book*, 1950, p. 369). 그러나 이러한 제안들 중 어떤 것도 만족스럽지 못하다. 아마도 본문의 מֵישָׁרִים(메샤림)은 부사적 용법으로 쓰여서 "그들이 옳게도 당신을 사랑한다", 즉 "당신은 사랑받기에 충분히 고귀한 사람이다."라는 의미를 전달하는 것으로 보인다.

[1 : 5] "예루살렘 딸들아"

여기에 등장하는 예루살렘의 딸들이 누구를 가리키는 것인지, 아가에서 그들이 하는 역할은 무엇인지에 대해 논란이 있어 왔다. 흔히 "이스라엘의 아들들"이라는 표현이 이스라엘 사람들 전체를 지칭하듯이 예루살렘의 딸들은 예루살렘에 거하는 여인들 전체를 가리킬 수 있다. 예루살렘은 시온으로 불리기도 하기 때문에 3 : 11에 등장하는 "시온의 딸"들 역시 동일한 사람들을 가리키는 말로 볼 수 있다.

"내가 비록 검으나 아름다우니"

히브리어 용법상 이 말은 개역성경의 번역처럼 "내가 비록 검으나 아름다우니"로 볼 수도 있고, 그 반대로 "내가 검어서 아름다우니"로 이해할 수도 있다. 여기서 '검다'는 것은 인종적 차이를 말하는 것이 아니다. 장시간 햇볕에 노출되어 피부색이 어두워진 상태를 말한다. 아마도 아가의 여주인공은 자신의 피부색이 어두워서 다른 여자들이 자기를 들판에서 일하는 하층민으로 여길까 봐 신경이 쓰이는 듯하다. 1 : 6의 여인의 말을 보면 이러한 해석이 더 확실해진다. 여인은 자신의 피부가 검은 것을 자랑하고 있는 것이 아니라 그에 대해 고민하고 있는 중이다. 따라서 의미상으로 개역성경의 "내가 비록 검으나 아름다우니"가 본문의 의도를 더 잘 전달하고 있는 번역이라고 할 수 있다.

"게달의 장막 같을지라도"

게달(קֵדָר 케다르)이라는 말의 어근(קדר)은 '검다'는 의미를 담고 있다. 그러므로 이 게달이라는 단어가 이 자리에 사용된 것은 바로 앞의 문장에 있는 "내가 비록 검으나"라는 말을 이어받기 위한 의도적인 시적 기교로 볼 수 있다. 성경에서 게달은 북부 아랍 부족들 중 하나이다(창 25 : 13 ; 사 42 : 11 ; 60 : 7 ; 렘 49 : 28 ; 겔 27 : 21). 게달의 장막은 흑염소의 가죽으로 만들어져서 이 여인의 피부처럼 검게 보였을 것이다.

"솔로몬의 휘장과도 같구나"

마소라 본문과 여러 고대 번역본들이 네 자음 שלמה를 '솔로몬'으로 읽고 개역성경도 이를 받아들이고 있지만, 많은 주석가들은 바로 앞의 게달과 시적 병행을 이루도록 '살마'로 읽기를 원한다. 살마는 고대 근동문헌과 유대교의 타르굼에서 남부 아랍 부족들 중의 하나로 나타난다(타르굼 옹켈로스 창 15 : 19 ; 민 24 : 21). 그러나 어떤 학자는 "솔로몬"을 그대로 따르면서 앞의 "게달의 장막"은 "내가 비록 검으나 아름다우니"에서 '검다'는 표현과 병행이 되고, "솔로몬의 휘장"은 '아름답다'는 표현과 병행을 이룬다고 보기도 한다 (P. W. T. Stoop-van Paridon, *The Song of Songs : A Philological Analysis of the Hebrew Book*, 2005, p. 53). 하지만 히브리어 시의 특성상 병행은 매우 중요하며, 시적 병행은 같은 행에 위치한 קֵדָר(케다르)와 שלמה 두 단어 사이에 이루어지는 것이 일반적이다. 따라서 필자는 שלמה를 '솔로몬'이 아니라 '살마'로 읽는 것이 옳다고 생각한다.

[1 : 6] "내가 햇볕에 쬐어서 거무스름할지라도 흘겨보지 말 것은"

"내가 햇볕에 쬐어서"로 번역된 히브리어 문장은 사실 직역하면 "해가 나를 지켜보았다"는 의미이다. 즉, 해가 나에게 계속 빛을 비추어서 내 얼굴이 검게 탔다는 말이다. 히브리어로 보면 이 두 행에는 히브리어 문자 쉰(ש)을 이용한 두운법이 사용되고 있다. 이러한 시적 기교는 우리말로는 사실상 전달이 불가능하다.

"내 어머니의 아들들이 나에게 노하여 포도원지기로 삼았음이라"

"내 어머니의 아들들"이 여주인공의 이복형제들을 말하는 것이라고 주장하는 사람들도 있지만 아가에는 이를 암시하는 구체적인 증거가 나타나지 않는다. 오히려 "내 어머니의 아들들"이라는 표현은 여주인공이 자신의 오빠들을 시적인 표현을 사용하여 간접적으로 지칭하는 말로 보는 것이 무난하다.

오빠들이 자신에게 왜 화가 났는지를 알 수 있다면 여인의 심리를 더 잘 파악할 수 있겠지만 아쉽게도 아가의 여인은 그 이유에 대해 아무런 설명을 하지 않는다. 무슨 이유로 화가 났든지 간에 여인의 오빠들은 그녀에게 포도원을 지키는 임무를 맡긴다.

"나의 포도원을 내가 지키지 못하였구나"

여인은 자신의 포도원을 지키지 못한 것을 안타까워하고 있다. 포도가 주렁주렁 열린 포도원은 풍요로움을 나타내기 때문에 종종 성적인 상상을 불러일으키고 실제로 성적인 의미를 가질 때가 많다. 그래서 포도밭을 가는 것은 성행위를 암시하는 것으로 해석되기도 한다(Tremper Longman, *Song of Songs*, 2001, p. 98). 이렇게 보면 6절에서 여인은 오빠들이 자신에게 포도원 일을 시켜서 자기의 얼굴이 검게 탔고, 그 때문에 자신은 여인으로서의 성적 매력을 가꿀 기회를 갖지 못했음을 불평하고 있는 것으로 해석할 수 있다. 이 해석이 옳다면, 어쩌면 여인의 오빠들은 그녀가 아직 어려서 그녀의 성적 행실에 대해 어느 정도의 통제가 필요하다고 판단했을 수 있다. 그리고 여인은 그러한 오빠들의 통제가 불만스러웠던 것이다. 여인의 장래나 결혼 문제에 대해 오빠들이 간섭하고 좌지우지하려는 경향이 있다는 것은 아가 8 : 8~10을 보아도 알 수 있다.

1 : 2~6에서 우리는 아가의 여인이 남자를 얼마나 존귀하고 자랑스럽게 여기는지 느낄 수 있다. 귀중한 포도주와 값비싼 향료들도 남자의 사랑에 비할 바가 못 된다. 여인에게 있어서 남자는 자랑이요 기쁨이다. 다른 여자들이 자신의 남자를 좋아한다 하더라도 여인이 시기와 질투를 하지 않을 이유는 바로 남자에 대한 확신이 있기 때문이다. 서로에 대한 깊은 신뢰는 사랑의 전제조건이다. 상대방에 대한 신뢰가 바탕이 되어 있지 않은 사랑은 언제든 흔들리기 쉽고, 또한 깨어질까 봐 불안해하는 마음 때문에 그 사랑의 참된 기쁨을 마음껏 누리지 못하게 된다.

하나님과의 관계에 있어서도 마찬가지이다. 우리를 향한 하나님의 사랑에 대한 확신, 그리고 하나님의 변치 않는 성품에 대한 전적인 신뢰가 없이는 우리의 신앙은 외부의 조그마한 환경의 변화에도 금세 흔들리게 마련이다. 자고로 남녀의 사랑이란 변질되기 쉬운 연약한 것임에도 불구하고 아가의 남녀는 서로를 전폭적으로 신뢰하고 있는데, 하나님을 믿는 우리 신자들이 하나님의 사랑에 대한 신뢰가 없으면 되겠는가? 예수 그리스도를 통해 우리에게 나타난 하나님의 무한한 사랑, 그 사랑 안에서 기뻐하고, 은혜를 누리고, 자유를 만끽하는 것은 우리 믿는 사람들이 가진 그 무엇과도 바꿀 수 없는 특권인 것이다.

C. 연인들의 사랑의 대화(1 : 7 – 2 : 7)

(여자)

7내 마음으로 사랑하는 자야
네가 양 치는 곳과
정오에 쉬게 하는 곳을 내게 말하라
내가 네 친구의 양 떼 곁에서

어찌 얼굴을 가린 자같이 되랴
(남자)
8여인 중에 어여쁜 자야
네가 알지 못하겠거든
양 떼의 발자취를 따라
목자들의 장막 곁에서
너의 염소 새끼를 먹일지니라
9내 사랑아
내가 너를 바로의 병거의 준마에 비하였구나
10네 두 뺨은 땋은 머리털로,
네 목은 구슬 꿰미로 아름답구나
11우리가 너를 위하여
금 사슬에 은을 박아 만들리라
(여자)
12왕이 침상에 앉았을 때에
나의 나도 기름이 향기를 뿜어냈구나
13나의 사랑하는 자는
내 품 가운데 몰약 향주머니요
14나의 사랑하는 자는
내게 엔게디 포도원의 고벨화 송이로구나
(남자)
15내 사랑아
너는 어여쁘고 어여쁘다
네 눈이 비둘기 같구나
(여자)

16 나의 사랑하는 자야
너는 어여쁘고 화창하다
우리의 침상은 푸르고
17 우리 집은 백향목 들보,
잣나무 서까래로구나
1 나는 사론의 수선화요
골짜기의 백합화로다
(남자)
2 여자들 중에 내 사랑은
가시나무 가운데 백합화 같도다
(여자)
3 남자들 중에 나의 사랑하는 자는
수풀 가운데 사과나무 같구나
내가 그 그늘에 앉아서 심히 기뻐하였고
그 열매는 내 입에 달았도다
4 그가 나를 인도하여 잔칫집에 들어갔으니
그 사랑은 내 위에 깃발이로구나
5 너희는 건포도로 내 힘을 돕고
사과로 나를 시원하게 하라
내가 사랑하므로 병이 생겼음이라
6 그가 왼팔로 내 머리를 고이고
오른팔로 나를 안는구나
7 예루살렘 딸들아
내가 노루와 들사슴을 두고
너희에게 부탁한다

내 사랑이 원하기 전에는
흔들지 말고 깨우지 말지니라

[1 : 7] "내 마음으로 사랑하는 자야"

직역하면 "내 영혼이 사랑하는 자"가 된다. 이는 "내가 진정으로 사랑하는 자"라는 의미로 연인을 향한 그녀의 사랑의 깊이와 진실함을 전달하고자 하는 표현이다.

"네가 양 치는 곳과 정오에 쉬게 하는 곳을 내게 말하라"

여인은 자신이 사랑하는 남자가 어디에 있는지 알기를 희망한다. 여인은 그가 양들을 치다가 양들을 쉬게 할 시간인 정오가 되면, 그가 양을 치던 장소에 따라가서 그와 사랑을 나누기를 원하는 것이다. 그가 양을 치는 그곳에는 여인의 오빠들처럼 그들의 사랑을 방해할 다른 사람들이 없을 것이기 때문이다.

"내가 네 친구의 양 떼 곁에서 어찌 얼굴을 가린 자같이 되랴"

'얼굴을 가린 자'는 마소라 본문의 히브리어 עֹטְיָה(오트야)를 옮긴 것이다. 이는 얼굴을 덮은 여자를 말하는 것으로, 고대 이스라엘에서 일반 여자들은 결혼식과 같은 특별한 경우를 제외하고는 천으로 얼굴을 가리고 다니지는 아니하였다. 창세기 38장을 보면 유다의 며느리 다말은 창녀로 가장하기 위하여 천으로 자신의 얼굴을 가렸었고, 유다는 이 때문에 다말을 창녀로 오해했음을 알 수 있다. 그러므로 여기서 여인은 만일 남자가 자신이 있을 장소를 자기에게 알려 주지 않으면 자기는 그를 찾아 이 목동이 그인지, 아니면 저 목동이 그인지 찾아 헤매게 될 것이라고 말하는 것이다. 그리고 이러한 자기를 보면서 다른 목동들이 그녀를 마치 창녀처럼 생각할 것인데, "이것이 정말 당신이 원하는 것이냐"고 남자에게 일종의 엄포를 놓고 있는 것이다.

만일 아가의 여주인공이 자신을 창녀에 비유하는 것이 지나치다고 여겨진다면 오트야를 다르게 이해하는 방법도 있다. 현재 마소라 본문의 עֹטְיָה

(오트야)는 두 히브리어 문자 아인과 테트가 전승과정에서 위치가 뒤바뀐 결과라는 견해이다. 실제로 마소라 본문에는 이러한 두 문자의 치환이 일어난 경우들이 흔히 발견된다. 이 경우 원래의 단어는 עֹטְיָה(오트야)가 아닌 טֹעִיָה(토아야)였을 것이다. טֹעִיָה(토아야)의 어근 טעה(타아)는 '방황하다', '헤매다'를 의미하는 어근 תעה(타아)가 아람어의 영향을 받아 나타난 철자법으로 볼 수 있고, 따라서 טֹעִיָה(토아야)는 '방황하는 여자'를 의미하게 된다(R. E. Murphy, *The Song of Songs*, 1990, p. 131). 그리고 시리아어, 라틴어 번역본들과 그리스어 심마쿠스 역본도 이 단어를 '방황하는 여자'로 번역하고 있다. 그러므로 원래의 단어는 עֹטְיָה(오트야)가 아닌 טֹעִיָה(토아야)였으며, 우리가 가진 마소라 본문에는 아인과 테트가 뒤바뀐 결과로 오트야가 남아 있는 것이다. 필자는 본문비평적 관점으로 볼 때 이러한 읽기가 원문에 가까울 가능성이 더 높으며, 따라서 7절의 "어찌 얼굴을 가린 자같이 되랴"를 "어찌 방황하는 여자처럼 되랴"로 번역하는 것이 더 낫다고 본다.

[1 : 8] "여인 중에 어여쁜 자야"

8절의 화자가 누구인지에 대해서도 의견의 일치가 이루어지지 않고 있다. 이 노래의 코러스를 부르는 자들이 하는 말이라는 주장도 있고, 또는 이 노래의 저자의 말이라는 주장도 있다. 여러 학자들이 8절을 예루살렘의 딸들이 말하는 것으로 본다. 특히 "여인 중에 어여쁜 자야"라는 말은 아가 5 : 9과 6 : 1에 나오는데, 둘 다 남자가 아닌 예루살렘의 딸들의 발언에 속한다는 사실은 이 견해를 뒷받침해 준다고 볼 수 있다(J. Cheryl Exum, *Song of Songs : A Commentary*, 2005, p. 108).

그러나 이러한 관찰이 절대적인 기준이 될 수는 없다. 아가의 저자는 "여인 중에 어여쁜 자야"라는 표현을 그 누구의 입에든지 자유롭게 담을 수 있기 때문이다. 그리고 내용의 흐름을 보면, 7절의 말은 여인이 남자에게 질문한 것이므로 8절의 말은 예루살렘의 딸들이 아닌 남자의 대답으로 보아야 자연스럽다.

"네가 알지 못하겠거든 양 떼의 발자취를 따라 목자들의 장막 곁에서 너의 염소 새끼를 먹일지니라"

이 말의 뜻이 무엇인지는 분명하지 않다. 가능한 해석 중의 하나는 여기에서 남자는 마치 숨바꼭질을 하는 양 여자에게 자신의 위치를 정확히 알려주지는 않고, 다만 자신의 양 떼의 발자국들을 따라 오라고 말하는 것으로 보는 것이다. "목자들의 장막 곁에서 너의 염소 새끼를 먹이라"는 말은 그렇게 자신을 따라오되 다른 사람이 눈치를 채지 못하도록 여자는 마치 자기의 염소를 치는 것처럼 행동해야 한다는 것이다. 그래야 두 사람이 외진 장소에서 은밀히 둘만의 사랑의 만남을 가질 수 있다는 것이다.

"너의 염소 새끼를 먹일지니라"는 말을 문자 그대로 받아들인다면 아가의 여주인공도 목동처럼 양떼를 돌보는 일을 했던 것으로 생각하게 된다. 그러나 이곳 이외에는 아가 어디에서도 여자가 목동이었다는 암시는 없다. 그런데 "너의 염소 새끼를 먹일지니라"에서 염소 또는 양의 새끼를 가리키는 단어인 גְּדִי(게디)는 성적인 의미를 담고 있는 것으로 보인다. 특히 아가 1 : 14에서 이 단어는 13절의 '내 유방'(개역성경에는 '내 품')과 병행구로 나타나고 있다. 또한 4 : 5에서도 여인의 유방은 비록 염소 새끼(גְּדִי)는 아니지만 "꼴을 먹는 한 쌍의 어린 사슴"에 비유되고 있다. 이렇게 '염소 새끼'를 유방에 대한 성적 비유로 본다면, "너의 염소 새끼를 먹일지니라"는 말은 실제로 염소의 새끼를 치는 것이 아니라 "너의 유방을 먹일지니라"는 의미가 된다. 다시 말해서 유방을 애무하는 사랑의 행위를 암시하는 말로 볼 수도 있다는 것이다 (P. W. T. Stoop-van Paridon, *The Song of Songs : A Philological Analysis of the Hebrew Book*, 2005, p. 70).

[1 : 9] "내 사랑아 내가 너를 바로의 병거의 준마에 비하였구나"

1 : 8이 누구의 말인지에 대해서는 논란의 여지가 있지만, 9절이 남자의

말이라는 데에는 이견이 없어 보인다. 개역성경에서 '내 사랑아'로 옮긴 히브리어 רַעְיָתִי(라으야티)는 아가에서 남자가 여자를 부를 때 자주 사용하는 표현이다(1 : 9, 15 ; 2 : 2, 10, 13 ; 4 : 1, 7 ; 5 : 2 ; 6 : 4). 그 기본적인 의미는 '친구'인데 아가에서는 이러한 일반적인 의미보다는 더 애정이 담긴 호칭으로 보인다. 따라서 "내 사랑아"가 오히려 "내 친구야" 같은 표현보다 더 본문의 의미를 잘 살린 적절한 번역이라고 볼 수 있다.

포프는 "바로의 병거의 준마"는 이집트의 투트모세 3세의 카데시(Qadesh) 전투에서 적군이 이집트 진영에 발정기의 암말을 풀어서 이집트 군대의 말들을 교란시키려고 했던 전술을 연상시킨다고 주장한다(Marvin Pope, *Song of Songs : A New Translation with Introduction and Commentary*, 1977, p. 338). 만일 그렇다면 아가의 남자가 자신이 사랑하던 여인을 이렇게 부르는 것은 여인이 자신을 성적으로 흥분시킨다는 의미를 갖게 된다. 그러나 팍스가 지적한 대로 이집트 왕의 전차는 전투용보다는 왕의 위엄을 나타내는 전시용의 성격이 강했다(Michael V. Fox, *The Song of Songs and the Ancient Egyptian Love Songs*, 1985, pp. 186－190). 바로의 마구간에는 이집트 최고의 말들이 있었을 것이며, 실제로 아멘호텝 2세가 얼마나 그의 암말을 애지중지했는지가 이집트 문헌의 기록에 남아 있다(Marvin Pope, *Song of Songs : A New Translation with Introduction and Commentary*, 1977, p. 339). 또한 이집트 왕의 전차를 끄는 말들이 매우 아름답고 화려하게 장식이 되곤 했었음은 이집트의 벽화들을 보아도 알 수 있다. 이러한 점들을 고려하면 아가의 남자가 자신의 여인을 "바로의 병거의 준마"에 비교한 것은 그녀의 성적인 매력보다는 그녀의 외적인 아름다움을 칭송하는 표현으로 생각된다.

[1 : 10] "네 두 뺨은 땋은 머리털로, 네 목은 구슬 꿰미로 아름답구나"

'땋은 머리털'로 번역된 히브리어 תּוֹר(토르)는 '돌아가다', '돌다'의 의미를 가진 단어이다. 아마도 개역성경은 머리털이 말린 모습을 나타내는 것으로 보아 '땋은 머리털'로 옮긴 것 같다. 그러나 여기서는 신체의 일부분인 머리털이 아니라 둥근 모양이거나 아니면 엮어서 만든 귀걸이가 달려 있는 모습을 말하는 것 같다. '구슬 꿰미'는 줄에 구슬이나 보석류를 달아 만든 일종의 목걸이를 가리킨다. 아가의 남자는 이러한 장식물들로 꾸민 여인의 모습이 얼마나 사랑스러운지 감탄하고 있다.

[1 : 11] "우리가 너를 위하여 금 사슬에 은을 박아 만들리라"

화자는 분명히 남자인데 '우리'라는 일인칭 복수가 사용되고 있다. 여기에서 '우리'는 남자뿐만 아니라 예루살렘의 딸들을 포함한 것일 수도 있고, 아니면 남자가 여자를 포함하여 일컫는 말일 수도 있다. 또한 앞의 1 : 4에서 보았듯이 이러한 복수형의 사용은 인칭의 다변화를 위한 것으로 이해할 수도 있다.

'사슬'로 번역된 단어는 바로 앞 10절에서는 '땋은 머리털'로 번역된 תּוֹר (토르)이다. 10절에서 이 단어는 일종의 귀걸이를 가리키는 것으로 보이므로, 여기에서 남자는 여인을 위해 금으로 된 귀걸이에 은으로 작은 비즈 같은 것들을 달아 귀걸이 같은 장신구를 만들어 주겠다는 말이다.

[1 : 12] "왕이 침상에 앉았을 때에 나의 나도 기름이 향기를 뿜어냈구나"

남자의 사랑의 노래에 1 : 12~14에서 여자가 화답한다. 그런데 특이하게도 12~14절에서 여자는 남자를 3인칭으로 지칭한다. 그리고 12절에서는 앞의 1 : 4에서 본 것처럼 남자를 다시 왕이라고 부른다. '나도 기름'은 히브리어로 נֵרְדְּ(네르드)로 감송향 기름을 가리키는 것으로 알려져 있다. 신약성경 마가복음 14 : 3~5과 요한복음 12 : 3~5을 보면 이 기름 한 옥합은 삼백 데나리온, 즉 일반 노동자의 거의 일년 연봉에 해당할 정도로 값어치 있는 상품이었음을 알 수 있다.

"왕의 침상"은 에로틱한 분위기를 연상케 한다. 여인의 나도 기름이 향기를 뿜어낸다는 말은 두 주인공이 서로의 향기를 맡을 수 있을 만큼 가까이 붙어 있음을 보여 준다. 이러한 향료들은 성적 흥분을 위한 일종의 최음제로 사용될 수도 있었다.

[1 : 13] "나의 사랑하는 자는 내 품 가운데 몰약 향주머니요"

몰약은 아라비아, 아프리카, 인도 등에 자생하는 나무의 수피에 상처를 내어 채취하는 천연고무수지의 일종이다. 몰약은 방부제로 사용되곤 했고, 때로는 분향에 사용되기도 했다(출 30 : 23). 에스더 2 : 12을 보면 처녀들이 왕과 첫날밤을 보내기 전에 몰약 기름으로 몸을 정결하게 했음을 알 수 있다.

무슨 이유에서인지는 몰라도 개역성경의 번역에는 동사 יָלִין(얄린)이 반영되어 있지 않다. 이 동사는 '밤을 보내다'라는 의미를 지니는데, 이 동사의 주어를 무엇으로 보느냐에 따라서 다음의 두 가지 번역이 가능하다. 먼저 이 동사의 주어를 몰약 향주머니로 보면 "나의 사랑하는 자는 나에게 몰약 향주머니이다. 그것은 내 가슴 사이에서 밤을 보낼 것이다"가 된다. 이 경우 13절의 하반절은 여자의 가슴 사이에서 밤새 몰약 향주머니가 향을 발할 것임을 말하고 있는 것이다. 그러나 이 동사의 주어를 '나의 사랑하는 자'로 보면, "나의 사랑하는 자는 나에게 몰약 향주머니이다. 그는 내 가슴 사이에서 밤을 보낼 것이다"라고 번역할 수 있다. 이 경우에는 남자가 여자의 가슴에 머리를 묻고 밤을 보낸다는 다소 성적인 의미를 갖게 된다. 문맥과 내용을 고려하면 후자가 더 가능성이 높아 보인다.

[1 : 14] "나의 사랑하는 자는 내게 엔게디 포도원의 고벨화 송이로구나"

엔게디는 사해의 서쪽 기슭에 있는 오아시스이다. 사해 주변은 식물이 자라기 어려운 환경이지만 오직 엔게디 주변에서만 식물이 무성하게 자란다(민영진, 「전도서/아가」, 2009, p. 343). 따라서 엔게디는 오아시스가 주는 안정감, 풍요로움, 낭만적 분위기를 자아내며 두 연인이 은밀하게 시간을 보낼 이상적인 장소의 역할을 할 수 있다.

엔게디(עֵין גֶּדִי)는 '새끼의 샘물'이라는 의미를 가지고 있다. 14절에 엔게디가 언급된 것은 위와 같은 이유 때문이기도 하겠지만 엔게디의 발음과도 관련이 있을 것이다. 우선 엔게디의 게디는 앞의 1 : 8에 사용되었다. 엔은 히브리어로 '샘물'을 가리키는 עַיִן(아인)의 연계형이다. 그런데 이 단어는 '샘물'을 뜻하기도 하지만 사람이나 동물의 '눈'을 가리키기도 한다. 바로 아래 15절에서 이 단어가 '눈'의 의미로 사용되고 있다. 다시 말해서 엔게디는 같은 단락의 노래에 사용된 두 단어들이 조합되어 이루어진 이름으로 아가의 저자는 시적 효과를 높이기 위해 14절에서 의도적으로 엔게디를 선택했을 것이라고 생각한다.

고벨화는 나뭇잎을 말려서 만든 가루로 염색을 하는 데 많이 사용되며 흔히 헤나(henna)라고 불린다. 이 단어는 히브리어 성경에서 아가에만 언급되고 있다(1 : 14 ; 4 : 13 ; 7 : 11〈히 7 : 12, 개역개정판에는 "동네"로 번역됨. 아래 7 : 11 주석 참고〉). 아마도 아가의 연인들은 엔게디에서 자주 만나 사랑을 확인하곤 했을지도 모른다. 여인은 그때의 기억을 되살리며 사랑하는 남자의 향취를 엔게디에서 자라나는 고벨화의 향기에 비유하면서 그에 대한 정감을 표현하고 있다.

[1 : 15] "내 사랑아 너는 어여쁘고 어여쁘다 네 눈이 비둘기 같구나"

여자의 말을 받아서 이제는 남자가 말을 다시 시작한다. '내 사랑아'는 앞서 9절에서 보았듯이 히브리어 רַעְיָתִי(라으야티)를 옮긴 것으로 아가의 남자 주인공은 자신의 여인을 종종 이렇게 부른다. 1 : 15은 4 : 1에서 똑같이 반복되고 있다.

15절은 הִנֵּה(힌네)에 2인칭 여성 접미사가 붙은 단어로 시작한다. 이 단어는 듣는 자의 주의를 환기시키는 기능을 한다. 우리말로 이 말의 의미를 정확하게 전달하기는 어렵지만 15절의 히브리어를 다음과 같이 번역해 볼 수 있겠다.

"아, 너는 정말 아름답구나, 내 사랑아 아, 너는 정말 아름답구나 너의 눈은 비둘기로다"

"너의 눈은 비둘기로다"는 말이 무슨 의미인지 분명하지는 않다. 여자의 눈의 색깔을 말하는 것일 수도 있겠지만, 히브리인들의 눈은 일반적으로 검은 데 반해 히브리 단어 יוֹנָה(요나)가 가리키는 비둘기의 눈은 푸른 회색이라서 적절한 비유가 되기 어렵다(Othmar Keel, *The Song of Songs*, 1994, p. 69). 또 어떤 학자들은 이 구절이 사람의 눈의 모습이 마치 비둘기의 몸통처럼 유선형의 모양을 하고 있음을 말하는 것이라고 주장하기도 한다(Gillis Gerleman, *Ruth, Das Hohelied*, 1965, p. 114). 비둘기는 고대 근동지방에서 사랑의 상징물로 여겨졌으므로 남자가 사랑하는 여인의 가장 매혹적인 부분인 눈을 비둘기에 비유하는 것은 전혀 이상한 표현이 아니다.

[1 : 16-17] "나의 사랑하는 자야 너는 어여쁘고 화창하다 우리의 침상은 푸르고 우리 집은 백향목 들보, 잣나무 서까래로구나"

남자의 칭찬의 말을 듣고 여자가 다시 입을 연다. 히브리어로 보면 16절의 여자의 말은 바로 앞 15절의 남자의 말과 똑같은 단어들로 시작한다. 여자는 남자가 자기를 칭찬한 말을 그대로 받아서 남자를 다시 칭찬하고 있는 것이다. 이렇게 남자의 외모에 대한 칭찬에 바로 뒤이어서 여자는 남자와 만날 밀회의 장소를 묘사한다. 여자의 묘사에 의하면 그들이 만날 장소에는 침상이 있는데 그 침상은 푸르다고 한다. 여기서 '푸르다'로 번역된 말은 침상의 색을 말하기보다는 침상이 푸른 나뭇잎으로 무성히 둘러싸여 있는 모습을 가리킨다. 연인들이 만날 장소에 대한 묘사가 17절에서 계속 이어진다. 그들의 집은 귀한 목재들로 만들어져 있다. 이렇게 나무로 만들어지고 꾸며진 공간은 둘만의 사랑을 위한 이상적인 장소였을 것이다.

[2 : 1] "나는 사론의 수선화요 골짜기의 백합화로다"

앞의 1 : 5에서 여자는 자신의 외모에 대하여 언급하였다. 여자는 다시 2장에 와서 자신에 대해 노래하는데 이번에는 자신을 꽃에 비유하고 있다. 우리말로 '수선화'로 옮긴 חֲבַצֶּלֶת(하바첼레트)가 무슨 꽃을 말하는지는 정확히 알 수 없으나 많은 학자들은 크로커스(Crocus)를 가리킨다고 추정한다. 칠십인역과 라틴어 번역본에서는 꽃을 가리키는 일반적인 단어로 옮겨 놓았다.

1 : 14에서 여자는 엔게디라는 구체적인 지명을 언급했다. 이러한 점에 비추어 보면 사론은 '평원'이라는 일반적인 의미보다는 야파(Jaffa)와 갈멜산 사이 해안가의 비옥한 지대의 지명으로 사용된 것으로 보는 것이 더 낫다. חֲבַצֶּלֶת(하바첼레트)는 이사야 35 : 1~2에서도 사론과 함께 등장한다.

그런데 여기서 여인이 자신을 사론의 크로커스, 골짜기의 백합화에 비유하고 있는 의도는 무엇인가? 자신의 외모가 그만큼 아름답다고 자랑하고 있는 것인가? 1 : 5에서 여인은 자신의 외모를 자랑하지는 않았다. 오히려 자신의 검은 피부로 인하여 천대를 받을까 봐 걱정을 하고 있음을 볼 수 있었다. 여인은 자신의 외모에 자신이 넘치는 사람은 아닌 듯하다. 이러한 맥락에서 본 절을 보면, 여인이 하는 말은 "나는 사론의 크로커스, 골짜기의 백합"처럼 아름답다고 으스대는 것이 아니다. 오히려 "나는 사론에 널린 수많은 크로커스들 중의 하나, 골짜기에 널린 수많은 백합들 중의 하나"일 뿐이라는, 남자의 사랑의 찬가에 대한 겸손의 표현인 것이다.

[2 : 2] "여자들 중에 내 사랑은 가시나무 가운데 백합화 같도다"

여인의 이러한 겸손의 말을 듣고 남자는 즉각 반응한다. 남자는 여자가 사용한 백합화의 비유를 사용하여 그 의미를 뒤바꾼다. 자신이 사랑하는 여인은 여자가 말한 것처럼 단순히 수많은 백합 중의 하나가 아니라는 것이다. 모든 다른 여자들은 단지 가시덤불에 지나지 않지만 자신의 연인은 그 가시덤불 가운데에 핀 아름다운 백합화, 다시 말해 그들과 비교할 수 없는 군계일학이라는 말이다.

[2 : 3] “남자들 중에 나의 사랑하는 자는 수풀 가운데 사과나무 같구나”

2절에서 ‘여자들’은 히브리어로는 사실 ‘딸들’을 가리킨다. 즉, 나이가 든 여성들이 아닌 소녀들 또는 젊은 여인들을 말하는 것이다. 마찬가지로 3절에서 ‘남자들’도 히브리어로는 ‘아들들’로 되어 있다. 이 역시 젊은 남자들을 지칭하는 것으로 보인다.

남자의 극찬을 들은 여인은 남자의 칭찬과 같은 표현방식을 빌어 남자의 아름다움을 찬양한다. 사과나무로 번역된 히브리어 תַּפּוּחַ(타푸아흐) 역시 무슨 나무인지 정확히 알기 힘들다. 많은 학자들은 사과나무를 가리키는 것으로 보지만 당시 팔레스타인에 사과나무가 자생하지 않았다는 점을 지적하며 이를 사과나무가 아닌 살구나무로 보는 사람들도 있다(Harold N. Moldenke, *Plants of the Bible*, 1952, pp. 184－188). 어쨌든 앞에서 남자가 여인을 보고 수많은 여인들 가운데에서 가장 아름답다고 칭찬한 것과 같은 의미로 여인은 자기가 사랑하는 남자가 수많은 남자들 가운데서 단연 으뜸이라고 추어올리고 있는 것이다.

“내가 그 그늘에 앉아서 심히 기뻐하였고 그 열매는 내 입에 달았도다”

히브리어를 그대로 옮기면 “그 그늘에서 내가 기뻐하였고, 내가 앉았다.” 이다. 이는 “나는 그 그늘에 앉기를 기뻐하였다”는 말로 이해할 수 있다. 또한 문법적으로 ‘그 그늘’과 ‘그 열매’는 나무의 그늘과 열매일 수도 있고, 남자의 그늘과 열매일 수도 있다. 따라서 자신이 사랑하는 자의 그늘 아래에서 그의 열매를 먹는다는 여자의 표현은 두 사람이 얼마나 친밀한 관계인지를 보여준다. 특히 “그의 열매는 내 입에 달았다”는 말은 “그 입의 입맞춤이 감미로웠다”는 말이다.

[2 : 4] “그가 나를 인도하여 잔칫집에 들어갔으니”

마소라 본문에는 개역성경의 번역처럼 동사가 3인칭 완료로 되어 있으나 그리스어 칠십인역과 시리아 역본은 이를 복수 명령형으로 읽고 있다. 이 역본들이 사용하던 히브리어 원문에 명령형으로 되어 있기 때문인지, 아니면 5절의 명령형 동사에 영향을 받아서 4절의 3인칭 완료동사를 명령형으로 잘못 이해했기 때문인지는 분명하지 않다. 어쨌든 이 역본들은 2 : 4을 뒤의 5~7절과 같이 예루살렘의 딸들에게 명령하는 말로 이해하고 있는 것이다.

'잔칫집'으로 번역된 말은 직역하면 '포도주의 집'(בֵּית הַיָּיִן)이다. 구약성경에 이와 똑같은 문구는 나타나지 않지만 비슷한 문구들은 있다. 예를 들어 "포도주를 마시는 집"(에 7 : 8), 그리고 "(술을) 마시는 집"(렘 16 : 8 ; 전 7 : 2) 등이다. 여러 학자들이 아가 2 : 4의 '포도주의 집'을 일종의 연회장으로 이해하고 있고, 개역성경도 이러한 의미에서 '잔칫집'으로 옮긴 것 같다. '포도주의 집'을 선술집으로 보는 사람들도 있는데 메소포타미아에서는 이러한 선술집에서 성행위가 공공연하게 일어났던 것으로 알려져 있다. 그렇다면 '포도주의 집'은 남자가 여인을 성행위를 할 수 있는 장소로 데려갔음을 의미하는 것일까? '포도주의 집'이 구체적으로 어느 장소를 말하는 것인지는 분명하지 않으며 이를 밝히는 것도 별로 중요하지 않다. 다만 아가의 두 남녀는 공개적인 장소보다는 외진 곳에서 다른 이들의 눈을 피해 만나고 싶어한다는 사실을 고려한다면, '포도주의 집'은 잔칫집이나 연회장 같은 개방된 장소를 의미하는 것은 아닐 것이다. 단지 두 사람이 포도주를 마시며 서로의 사랑에 흠뻑 취할 수 있는 그러한 만남의 장소를 가리키는 일반적인 의미로 사용된 것으로 보는 것이 옳을 것이다.

클레르보의 버나드는 잔칫집, 즉 포도주의 집을 초대 교회의 오순절 강림 사건과 연결시킨다. 사도행전 2 : 15에는 사람들의 눈에 당시 모였던 제자들이 마치 술에 취한 것처럼 보였다고 기록되어 있는데, 버나드는 사실 제자들은 술이 아니라 성령에 취하였던 것이라고 주장한다. 그러므로 아가의 본 절에서 "그가 나를 인도하여 잔칫집에 들어갔으니"라는 말은 성령에 취하여 은

혜와 축복으로 가득한 초대 교회의 현장을 연상시킨다고 보았다(클레르보의 버나드, 「나는 들의 꽃 골짜기의 백합화, 클레르보의 버나드의 아가서 묵상집(3)」, pp. 48－49).

"그 사랑은 내 위에 깃발이로구나"

많은 성경과 주석가들이 개역성경과 마찬가지로 דִגְלוֹ(디글로)를 '그의 깃발'로 옮기고 있지만 사실 그 의미는 정확하지 않다. 어떤 학자들은 아카드어 다갈루(dagālu, 보다)와 관련된 것으로 보아 '그의 눈길' 또는 '그의 생각, 의도' 정도로 이해한다(Robert Gordis, "The Root דגל in the Song of Songs," 1969, pp. 203－204). 필자가 생각하기에도 군대와 관련되어 사용되는 '깃발'의 이미지는 남녀의 사랑이 무르익는 에로틱한 분위기와는 전혀 어울리지 않는다. 따라서 이 구절은 "나를 향한 그의 마음은 사랑이로구나"로 옮기는 것이 더 적절하다고 본다.

[2 : 5] "너희는 건포도로 내 힘을 돕고 사과로 나를 시원하게 하라"

이 구절은 남성 복수 명령형 동사로 시작된다. 그렇지만 여인이 말하고 있는 대상이 예루살렘의 딸들임은 분명하다. 아가에서는 예루살렘의 딸들에게 말할 때 여성이 아닌, 남성 동사가 종종 사용되고 있다(1 : 6 ; 3 : 5 ; 5 : 8). 건포도로 번역된 אֲשִׁישׁוֹת(아쉬쇼트)도 의미가 불분명한 단어 중 하나이다. 이 단어는 호세아 3 : 1에서 이방 신들을 위한 제사와 관련되어 사용되는 것으로 언급되고 있다. 사과로 번역된 תַּפּוּחַ(타푸아흐)도 앞의 2 : 3에서 논의된 바 있다. 이 단어 역시 그 의미에 대해서는 학설들이 분분하다.

개역성경은 히브리어 סַמְּכוּנִי(삼메쿠니)를 "내 힘을 돕고"로 옮겼다. 동사 어근 סמך(사마크)는 기본적으로 '지지하다', '유지하다'를 의미하기 때문에 이렇게 번역할 수 있는 것이 사실이지만, 이 어근과 관련된 단어들이 시편 3 : 6, 사사기 4 : 18에서 '침대' 또는 '이불'의 의미로 사용된 것으로 보아 삼메쿠니를 "나를 침대에 눕혀라"로 이해할 수도 있다. 특히 우리말로는 "나를 시원하게 하라"로 옮긴 רַפְּדוּנִי(랍페두니)의 어근 רפד(라파드)도 '펼치다'는 의미를 가지고 있어 침대를 준비하는 것을 말한다. סַמְּכוּנִי(삼메쿠니)는 רַפְּדוּנִי(랍페두니)와 시적 병행을 이루고 있기 때문에 두 문구의 의미도 유사한 것으로 보는 것이 적절하다. 이러한 이유로 팍스는 본 구절을 "나를 과일들 가운데 있는 침대에 눕게 하라. 나를 살구들로 가득한 침대에 펼쳐라."로 번역하고 있다(Michael V. Fox, *The Song of Songs and the Ancient Egyptian Love Songs*, 1985, pp. 106, 108－109).

"내가 사랑하므로 병이 생겼음이라"

여인은 남자를 향한 자신의 사랑의 감정이 너무 깊어 스스로를 제어할 수 없을 정도라고 말한다. 여기서 "병이 생겼다"는 말은 실제로 지쳐서 몸과 마음이 쇠약해졌다는 의미일 수도 있지만, 그보다는 이 깊은 사랑의 쾌락에서 벗어나고 싶지 않음을 역설적으로 강조하는 말인 듯하다. 여인은 예루살렘의 딸들에게 "보아라, 그를 향한 나의 사랑은 마치 상사병에 걸린 여인처럼 애절하다. 너희에게는 이런 사랑이 있느냐?"며 자신의 사랑을 과시하는 것 같다. 이러한 해석은 바로 다음에 나오는 6~7절을 보면 분명해진다.

[2 : 6] "그가 왼팔로 내 머리를 고이고 오른팔로 나를 안는구나"

이 구절은 남자가 왼팔을 여자의 머리 아래에 넣어 몸 가까이 안은 후에 오른팔로 여자를 끌어안거나 애무하는 장면을 나타낸다. 만일 현재 두 남녀가 한 자리에 있다면 이 구절은 현재 일어나고 있는 일을 묘사하는 말이 되고, 만일 그렇지 않다면 이 구절은 여자의 소망을 나타내는 말이 된다. 다시 말하면 "그가 왼팔로 내 머리를 고이고 오른팔로 나를 안았으면……"이라고 옮길 수도 있다는 것이다.

[2 : 7] "예루살렘 딸들아 내가 노루와 들사슴을 두고 너희에게 부탁한다"

여인이 예루살렘 딸들에게 하는 간청은 3장 5절과 8장 4절에도 반복되고 있다. 특히 2장 6절과 같은 내용이 8장 3절에도 나타난다.

노루와 들의 암사슴으로 부탁한다는 말의 의미는 무엇인가? 여기에 "부탁한다"는 히브리어로는 "맹세하도록 하다"는 의미이다. 부탁보다는 더 강한 어조를 담고 있다. 여하튼 노루와 암사슴으로 맹세하게끔 한다는 말은 무척 난해하다. 이에 대해서 고디스는 기발한 설명을 제시하였다(Robert Gordis, *The Song of Songs*, 1954, 26–28). 히브리어로 "노루와 들의 암사슴"은 דֶה בִּצְבָאוֹת אוֹ בְּאַיְלוֹת הַשָּׂ로 되어 있다. '노루들'을 가리키는 첫 번째 단어 צְבָאוֹת(츠바오트)는 구약성경에서 자주 등장하는 하나님의 별칭인 야훼 츠바오트(יהוה צְבָאוֹת, 만군의 여호와)의 츠바오트(צְבָאוֹת)와 철자가 똑같이 기록되어 있다. "들의 암사슴들"을 가리키는 두 번째 문구인 아옐로트 하싸데(הַ אַיְלוֹת הַשָּׂדֶה)는 하나님의 또 다른 별칭인 엘 샤다이(אֵל שַׁדַּי)와 발음이 매우 유사하다.

야훼 츠바오트(יהוה צְבָאוֹת)라는 말은 개역성경에는 "만군의 여호와"로 되어 있지만 실은 "군대를 일으키시는 분"이라는 의미로, 하나님의 별칭이었던 것으로 생각된다. 이는 하나님의 전사(divine warrior)로서의 특징을 설명해 주는 명칭이다.

엘 샤다이(אֵל שַׁדַּי) 또는 샤다이는 개역성경에서 "전능의 하나님" 또는 "전능자" 등으로 번역된다. 칠십인역 그리스어 역본에서는 이 단어를 παντοκράτωρ, 그리고 라틴어 역본에서는 omnipotens(옴니포텐스)로 옮겼고, 이에 따라 영어 성경에서도 주로 'God Almighty'(갓 올마이티)로 번역되었다. 이러한 번역은 아마도 שַׁדַּי(샤다이)를 '파괴하다'를 의미하는 히브리어 동사 שדד(샤다드)에서 온 것으로 이해한 결과로 보인다. 하지만 이 외에 몇 가지 다른 가능성들이 있다. 첫 번째로 샤다이가 '들판'을 의미하는 שָׂדֶה(사데)에서 왔을 수가 있다. 두 번째로 샤다이는 '가슴'을 의미하는 שַׁד(샤드)에서 기원했을 가능성도 있다. 예를 들어 창세기 49 : 25에서 샤다이(개역성경에는 '전능자')가 '젖'(שַׁד)의 복을 주신다고 되어 있다. 그러나 오늘날의 많은 학자들은 샤다이는 '산'을 의미하는 아카드어 šadu(샤두)에서 온 것으로 이해한다. 그 근거로 열왕기상 20 : 23을 보면, 아람 사람들은 이스라엘의 하나님을 '산의 신'으로 이해했다는 사실이 분명하게 기록되어 있다. 이 외에도 여러 다른 근거들이 있으나 샤다이에 대한 논의는 여기에서 그치는 것이 좋겠다.

그 어원이 어떠하든 간에 재미있는 것은 아가 2 : 7의 "노루와 들사슴"은 히브리어 발음상 하나님의 대표적인 별명들인 야훼 츠바오트(יהוה צְבָאוֹת)와 엘 샤다이(אֵל שַׁדַּי)를 연상케 한다는 점이다. 아가의 저자는 하나님의 거룩한 이름을 직접적으로 언급하는 것을 피하기 위해 하나님의 별명들과 유사한 단어들을 사용하고 있는 것이다. 따라서 아가의 여인이 예루살렘의 딸들에게 말하는 내용은 "노루와 들사슴을 두고 너희에게 부탁한다"라기보다는 "하나님의 이름으로 내게 맹세하라"는 강력한 요청인 것이다.

"내 사랑이 원하기 전에는 흔들지 말고 깨우지 말지니라"

개역성경의 번역은 마치 "내가 사랑하는 남자가 자고 있으니 그가 원하기 전에는 깨우지 말라."는 의미로 들린다. 이는 הָאַהֲבָה(하아하바)를 '내 사랑'으로 옮겼기 때문이다. 그러나 여기서 이 히브리어 단어는 개역성경의 번역처럼 여인이 사랑하는 남자를 가리키는 것이 아니고 그냥 단어의 의미 그대로 '사랑'을 말하는 것이다. 남녀의 사랑은 적절한 때가 있는 것이다. 우선 남녀가 신체적으로 충분히 성숙해야 하고, 정신적으로도 서로를 충분히 이해하고 자신의 감정을 다스릴 줄 아는 단계에 이르러야 아름다운 사랑의 관계가 가능해지는 것이다. 사랑은 누구의 강요에 의해서 이루어지는 것도 아니고, 서두른다고 되는 것도 아니다. 아가의 여인은 예루살렘의 여자들에게 온전한 사랑을 하기 위해서는 성급하게 행동하지 말고, 모든 상황과 때가 무르익을 때가지 신중하게 기다리라고 충고하고 있는 것이다.

아가의 연인들은 듣기에 낯간지러울 정도로 서로의 외모에 대한 찬사를 늘어놓고 있다. 우리나라 사람들은 상대의 외모를 칭찬하는 말에 매우 인색한 편이다. 특히 결혼한 지 오래된 부부들은 더 그렇다. 하지만 간단한 칭찬의 말 한마디가 사람의 기분을 좋게 하며, 이는 서로의 관계에 상당히 긍정적인 영향을 미치게 된다. 아가의 연인들은 이러한 칭찬을 통해 서로의 사랑을 확인하고, 그 결과로 둘의 사랑은 점점 깊어져만 간다. 사랑은 그냥 주어지는 것이 아니다. 우리의 말과 행동을 통해 점차로 성숙되고 완성되어지는 것이다. 인간의 사랑의 감정도 시간이 지나가면서 그 정도가 약해지기 때문에 아름다운 사랑의 관계를 유지하기 위해서는 부단한 노력이 필요하다. 그러한 노력의 일환으로 당장 내 주위에 있는 사랑하는 사람에게 칭찬의 말 한마디를 건네는 것은 어떨까?

2 : 7에서 사랑에 대하여 알 수 있는 것은 사랑은 기다림이라는 것이다. 일순간에 불일 듯 타올랐다가 금세 꺼지는 감정은 엄밀하게 말하면 진정한 사랑이라고 할 수 없다. 특히 남녀의 사랑에 있어서는 더 성숙한 사랑을 위해서 서로를 위해 기다릴 줄 아는 인내심이 필요하다. 남녀의 사랑뿐 아니라 그 외의 모든 인간관계에 있어서도 마찬가지이다. 우리가 서로를 배려하고, 이해하고, 인내하는 자세로 살아간다면 우리가 살고 있는 이 땅은 더욱 아름다운 세상이 될 것이다.

D. 사랑하는 남자의 방문(2 : 8－17)

(여자)

8내 사랑하는 자의 목소리로구나

보라 그가 산에서 달리고

작은 산을 빨리 넘어오는구나
9내 사랑하는 자는
노루와도 같고 어린 사슴과도 같아서
우리 벽 뒤에 서서 창으로 들여다보며
창살 틈으로 엿보는구나
10나의 사랑하는 자가
내게 말하여 이르기를
(남자)
나의 사랑, 내 어여쁜 자야
일어나서 함께 가자
11겨울도 지나고 비도 그쳤고
12지면에는 꽃이 피고
새가 노래할 때가 이르렀는데
비둘기의 소리가 우리 땅에 들리는구나
13무화과나무에는 푸른 열매가 익었고
포도나무는 꽃을 피워 향기를 토하는구나
나의 사랑, 나의 어여쁜 자야
일어나서 함께 가자
14바위 틈 낭떠러지
은밀한 곳에 있는 나의 비둘기야
내가 네 얼굴을 보게 하라
네 소리를 듣게 하라
네 소리는 부드럽고
네 얼굴은 아름답구나
(여자)

15우리를 위하여 여우
곧 포도원을 허는 작은 여우를 잡으라
우리의 포도원에 꽃이 피었음이라
16내 사랑하는 자는 내게 속하였고
나는 그에게 속하였도다
그가 백합화 가운데에서
양 떼를 먹이는구나
17내 사랑하는 자야
날이 저물고
그림자가 사라지기 전에 돌아와서
베데르 산의 노루와
어린 사슴 같을지라

[2 : 8] "내 사랑하는 자의 목소리로구나 보라 그가 산에서 달리고 작은 산을 빨리 넘어오는구나"

본 절에 대한 개역성경의 번역은 히브리어의 시적 병행을 전혀 반영하지 못하고 있다. 이 절의 처음은 히브리어로 다음과 같이 되어 있다.

> **קוֹל דּוֹדִי**(콜 도디, 들어라, 내 사랑하는 자로다)
>
> **הִנֵּה־זֶה בָּא**(힌네 제 바, 보라, 그가 오고 있구나)

개역성경에서 '목소리'로 번역된 첫 단어 **קוֹל**(콜)은 때로는 주의를 환기시키는 일종의 명령처럼 사용될 수 있다(이러한 용법에 대하여는 P. Joüon, *A Grammar of Biblical Hebrew* (Translated and Revised by T. Muraoka ; 2 vols ; Rome : Editrice Pontificio Istituto Biblico, 1991), § 162e를 보라.). 특히 바로 다음 문장에 이어지는 '보라'(**הִנֵּה־זֶה** 힌네 제)와의 병행을 고려하면 이

를 "내 사랑하는 자의 목소리로구나" 보다는 "들어라, 내 사랑하는 자로다"로 옮기는 것이 더 적절하다. 이에 어울리게 הִנֵּה־זֶה בָּא(힌네 제 바)도 "보라, 그가 오고 있구나"로 옮기는 것이 더 타당하다. 따라서 본 절의 첫 줄은 다음처럼 옮길 수 있다.

> 들어라, 내 사랑하는 자로다
> 보라, 그가 오고 있구나

아가의 여인은 사랑하는 남자가 서둘러서 자기에게 오고 있는 모습을 묘사한다. 남자는 여인을 빨리 만나고 싶어서 얼마나 마음이 급했던지 산과 언덕들을 뛰어넘어 달려온다.

[2 : 9] "내 사랑하는 자는 노루와도 같고 어린 사슴과도 같아서 우리 벽 뒤에 서서 창으로 들여다보며 창살 틈으로 엿보는구나"

여인은 남자가 급하게 뛰어오는 모습을 재빠른 노루와 어린 사슴에 비유하고 있다. 2 : 17에도 이와 똑같이 남자를 노루와 어린 사슴에 비유하는 내용이 나온다. 여자가 말하고 있는 부분인 2 : 8~10, 15~17은 이러한 문학적 장치로 인하여 하나의 단락으로 구분되고 있다. '노루'를 가리키는 히브리어 צְבִי(쩨비)는 '아름다움'의 의미도 지니고 있다. 따라서 여인이 남자를 צְבִי(쩨비)라고 부르는 것은 남자의 아름다운 외모를 연상시키려는 의도가 담긴 것으로 볼 수도 있다.

여자는 현재 자신의 집 안에 머무르고 있다. 남자는 그녀의 집 안으로 들어오지 않고 담 밖에서 창문을 통하여 안을 들여다보며 여자가 밖으로 나오기를 기다리고 있다.

[2 : 10] "나의 사랑하는 자가 내게 말하여 이르기를 나의 사랑, 내 어여쁜 자야

일어나서 함께 가자"

남자가 하는 말인 "나의 사랑, 내 어여쁜 자야 일어나서 함께 가자"는 13절에서도 동일하게 반복된다. 그런데 바로 앞에서 보았듯이 여자가 남자를 노루와 어린 사슴에 비유하는 내용도 2 : 9과 17절에 나타난다. 구조적으로 보았을 때 이 네 구절들은 A(9절) – B(10절) – B(13절) – A(17절) 형식의 교차대구를 형성하고 있다.

[2 : 11] "겨울도 지나고 비도 그쳤고"

[2 : 12] "지면에는 꽃이 피고 새가 노래할 때가 이르렀는데 비둘기의 소리가 우리 땅에 들리는구나"

때는 바야흐로 봄이다. 만물이 회생하는 시기, 바로 사랑의 계절이다. 앞서 10절에서 남자가 여인에게 함께 가자고 했던 이유가 여기에서 설명되고 있다. 밖으로 나가서 함께 꽃이 피고, 새가 노래하는 자연을 만끽하자는 것이다. 이 아름다운 자연은 다른 사람의 것이 아니다. 바로 사랑을 나누는 우리만의 것이다. 사랑을 하는 남녀에게는 온 세상이 자신들의 사랑처럼 아름다워 보인다. 그들은 행복에 겨워 온 세상이 자기들을 중심으로 움직이는 것처럼 느끼게 된다. 이러한 세상은 다른 사람과 함께 나눌 수 없는 '우리 땅'인 것이다.

"새가 노래할 때"로 번역된 히브리어 עֵת הַזָּמִיר(에트 하짜미르)는 "노래할 때"도 되지만 "가지치기할 때"로 이해할 수도 있다. 만일 "가지치기할 때"를 의미한다면 겨울에서 봄으로 넘어오는 계절의 변화를 가리키는 것으로 볼 수 있다.

[2 : 13] "무화과나무에는 푸른 열매가 익었고 포도나무는 꽃을 피워 향기를 토하는구나 나의 사랑, 나의 어여쁜 자야 일어나서 함께 가자"

아름다운 봄철의 자연에 대한 묘사가 계속 이어지고 있다. 12절의 꽃이 피는 모습을 통한 시각적 자극, 새의 노래와 비둘기의 구애하는 소리를 통한 청각적 자극에 뒤이어 본 절은 포도나무의 꽃향기를 가지고 청중의 후각을 일깨운다. 사랑은 단순한 감정을 넘어서 우리 인간의 오감을 통하여 전달되는 총체적인 아름다움이다.

'익었고'로 옮긴 히브리어 동사 חנט(하나트)는 창세기 50 : 2, 26에서 야곱의 시신이 부패하지 않도록 향료를 넣은 것을 가리킬 때 사용된 단어이다. 아마도 히브리인들은 나무의 열매가 익는 과정을 이집트인들이 사람의 시신에 향료 같은 것을 넣어 미이라를 만들던 것처럼 나무 가지의 수액이 과일로 흘러들어가서 과일이 부드러워지고 달콤해지는 것으로 이해했던 것 같다.

[2 : 14] "바위 틈 낭떠러지 은밀한 곳에 있는 나의 비둘기야 내가 네 얼굴을 보게 하라 네 소리를 듣게 하라 네 소리는 부드럽고 네 얼굴은 아름답구나"

남자는 여자를 '나의 비둘기'라고 부른다. 대부분의 문화권에서 비둘기는 사랑과 평화의 상징이다. 그런데 이 비둘기는 "바위 틈 낭떠러지 은밀한 곳"에 거한다. 남자가 쉽게 접근할 수 없는 곳이다. 남자는 사랑하는 여인이 자기가 바라는 것만큼 적극적이지는 않다고 여겼던 것일까? 문맥상으로 여자는 지금 자신의 집 안에 있는 상태이다. 만일 "바위 틈 낭떠러지 은밀한 곳"이 그녀의 집을 가리킨다면 1 : 5~6에서 보았듯이 그녀의 식구들, 특히 오빠들이 그녀의 사랑을 호락호락 허락하지 않는 상황을 말하는 것일까? 여하튼 남자는 가까이에서 여인의 모습을 보고, 그녀의 소리를 듣기를 간절히 소망한다.

'얼굴'로 번역된 히브리어 מַרְאֶה(마르에)는 단순히 '얼굴'이 아니라 전체적인 '모습, 형체'를 가리킨다. 이렇게 본다면 남자는 여인의 얼굴이 보고 싶다기보다는 여인의 전 존재를 갈망하고 있다고 할 수 있다.

[2 : 15] "우리를 위하여 여우 곧 포도원을 허는 작은 여우를 잡으라 우리의 포도원에 꽃이 피었음이라"

아가에서 가장 널리 알려져 있고, 설교에도 흔히 인용되는 구절들 중의 하나이다. 그러나 이 구절은 본문의 전후 맥락과 쉽게 연결이 되지 않으며, 무엇을 의미하는지도 분명하지 않다. 따라서 어떤 주석가들은 이 구절이 본래 독립적인 노래의 일부분이었는데, 본 절에서 '꽃이 피었음'을 말하는 히브리어 단어 סְמָדַר(세마다르)가 바로 앞 13절에도 나오고 있기 때문에 이 자리에 위치하게 된 것으로 보기도 한다.

여기에서 여우는 해를 끼치는 동물로 등장한다. 느헤미야 4 : 3(히 3 : 35)에서도 이와 비슷한 의미로 여우가 언급되고 있다. "암몬 사람 도비야는 곁에 있다가 이르되 그들이 건축하는 돌 성벽은 여우가 올라가도 곧 무너지리라 하더라"(느 4 : 3).

그런데 여우가 해를 끼치는 '우리의 포도원'은 무엇을 상징하는가?

첫 번째로 앞의 1 : 6에 비추어 볼 때 포도원은 여인의 성적인 매력을 나타낼 수 있다. 그러나 이 경우라면 왜 하필 포도원을 '우리의 포도원'이라고 지칭했는지에 대한 설명이 필요하다.

두 번째 견해는 포도원이 두 남녀의 사랑의 관계를 말한다고 보는 것이다. '우리의 포도원에 꽃이 피었다'는 것은 그들의 사랑이 꽃이 피듯 무르익고 있다는 것이다. 그런데 이 사랑의 관계를 훼방하는 여우와 같은 어떤 세력이 있으므로, 그들이 자신들의 사랑을 방해하지 못하도록 막아야 한다는 것이 본 절의 내용이라는 해석이다.

세 번째 해석은 포도원들(히브리어는 복수형태로 되어 있다.)은 성적으로 성숙한 여인들을 가리키고, 작은 여우들(이 역시 히브리어로는 복수형태로 되어 있다.)은 여자들을 쫓아다니는 젊은 남자들을 가리킨다고 보는 것이다. 이집트의 파피루스 해리스 500에는 다음과 같은 노래가 기록되어 있다.

내 마음은 아직 너와 사랑을 하는 것을 끝내지 않았다
나의 작은 늑대(또는 자칼, 여우) 새끼여!
(Michael V. Fox, *The Song of Songs and the Ancient Egyptian Love Songs*, 1985, p. 10)

이러한 차원에서 본다면, 포도원들을 휘젓고 다니는 여우들은 예쁜 여인들을 따라다니며 집적거리는 남자들을 비유하는 것으로 생각할 수 있다. 아가의 여인은 본 절에서 모든 여인들을 대표하여 권고하고 있다. 이 집적대는 수많은 여우들 중에서 아무에게나 자신을 허락하지 말고, 가장 마음에 드는 자기 자신만의 한 마리의 여우를 잡아야 한다는 것이다(J. Cheryl Exum, *Song of Songs : A Commentary*, 2005, p. 130). 이렇게 잡은 남자(여우)는 한 번 잡으면 다시 놓아 주지 말아야 한다(3 : 4절 참고).

아가에서 비교적 설교의 주제로 많이 사용되는 내용이 바로 이 포도원의 여우에 관한 것이다. 이러한 경우 포도원의 여우는 대부분 신앙을 방해하는 세력을 상징하는 것으로 풀이 된다. 중세의 관상가인 클레르보의 버나드도 포도원을 생명을 소유한 지혜로운 영적인 사람들로, 그리고 여우를 이러한 영적인 사람을 비방하고 시기하고 그들의 영적 활동을 훼방하는 자들로 이해한다. 특히 '작은 여우'라고 지칭한 이유는 여우가 더 크기 전에, 즉 이러한 훼방꾼들의 활동이 더 활발해지기 전인 초기에 그들을 잡아 제압해야 한다는 의미로 받아들인다(클레르보의 버나드, 「나는 들의 꽃 골짜기의 백합화, 클레르보의 버나드의 아가서 묵상집(3)」, pp. 204-211, 218-219).

이와 유사한 해석의 맥락에서 어거스틴은 삼손이 여우들을 잡아 꼬리를 묶어 불로 태운 이야기를 상기시키며 본 절에서 여우를 잡으라는 말은 이단들의 유혹을 극복해야 함을 말하는 것이라고 본다(J. Robert Wright, ed., *Proverbs, Ecclesiastes, Song of Solomon*, 2005, p. 322).

[2 : 16] "내 사랑하는 자는 내게 속하였고 나는 그에게 속하였도다 그가 백합화 가운데에서 양 떼를 먹이는구나"

아가의 연인들의 사랑은 일방적이고 맹목적인 사랑이 아니다. 남자는 여자에게, 그리고 여자는 남자에게 서로 예속되어 있음을 공개적으로 천명해도 전혀 문제가 되지 않는 상호간의 신뢰를 바탕으로 한 헌신적인 사랑이다. 그와 동시에 그 둘 사이에 다른 사람의 자리는 전혀 없는 배타적인 사랑이다.

"양 떼를 먹이는구나"로 번역된 동사 רעה(라아)는 물론 양을 먹이는 것을 가리키는 단어이지만 히브리어로는 구체적으로 '양 떼'라는 목적어가 나와 있지 않다. 따라서 남자가 양 떼에게 백합화를 먹이고 있는 것인지 아니면 자기가 백합화를 먹고 있는 것인지 정확히 알 수가 없다. 여기에서 백합화를 먹는다는 것은 성행위를 암시하는 것으로 보인다. 앞서 2 : 1에서 여인은 백합화에 비유된 적이 있다. 특히 5 : 13에서 남자의 입술이 백합화에 비유되고 있으므로 백합화를 먹는다는 것이 구체적으로 입맞춤을 가리키는 표현일 가능성도 있는 것이다.

[2 : 17] "내 사랑하는 자야 날이 저물고 그림자가 사라지기 전에 돌아와서 베데르 산의 노루와 어린 사슴 같을지라"

이 절의 중간부분을 직역하면 "날이 숨을 쉬고 그림자가 도망갈 때"인데, 문제는 과연 이것이 언제를 가리키는 표현인가 하는 것이다. 만일 저녁시간을 말하는 것이라면, 날이 숨을 쉰다는 표현은 만일 창세기 3 : 8에서처럼 오후에 불어오는 바람을, 그리고 그림자가 도망간다는 표현은 밤이 되면 그림자가 사라지는 것으로 이해할 수 있다. 만일 아침시간을 말하는 것이라면, 날이 숨을 쉰다는 표현은 아침의 선선한 바람을, 그리고 그림자가 도망간다는 표현은 동이 터오면서 밤의 그림자, 즉 어두움이 사라지는 것으로 이해할 수 있다.

우리말로 '돌아와서'로 옮긴 히브리어 סֹב(소브)는 어근이 סבב(사바브)인데 이 단어는 '돌아오다'와 '돌아가다'라는 두 개의 상반된 의미를 나타낼 수 있다. 이러한 단어들의 모호함으로 인하여 본 절의 의미를 정확히 짚어내기가 쉽지는 않지만, 아마도 여자는 저녁이 되면 남자가 자기에게로 돌아와서 밤을 함께 보내기를 원하는 것으로 보는 것이 문맥에 어울린다. 이렇게 이해한다면 "날이 숨을 쉬고 그림자가 도망갈 때"는 아침이 아닌 저녁시간을 말하는 것으로 볼 수 있다.

베데르 산에 대해서도 확실히 알려진 바가 없다. 어근 בתר(바타르)는 '나누다', '자르다'의 의미를 가지고 있다. 그러므로 일부 주석가들은 베데르는 여자의 가슴골 또는 여성의 갈라진 음부를 암시하는 것으로 보기도 한다. 이 경우 여인은 남자에게 저녁이 되면 돌아와서 자신의 가슴 또는 음부에서 노루와 어린 사슴처럼 즐겁게 노닐라고 말하고 있는 것이다.

설교를 위한 묵상

본 단락에서는 아가의 연인들이 서로를 얼마나 애타게 갈망하고 있는지 확인할 수 있다. 여인을 보고 싶어서 산과 언덕을 단숨에 넘어 달려와서 둘만의 공간에서 사랑을 나누고자 하는 남자의 열망이 아름다운 언어로 표현되어 있다. 우리는 과연 이러한 사랑을 가지고 우리의 가족과 이웃을 사랑하고 있는가? 그리고 무엇보다도 아가의 주인공처럼 하나님을 향한 열정과 사랑이 넘쳐나고 있는가?

2 : 15에 등장하는 "포도원을 허는 작은 여우"가 어떠한 사랑의 훼방꾼을 말하는 것이든 "내 사랑하는 자는 내게 속하였고 나는 그에게 속하였도다"라는 아가의 여인의 말에서 알 수 있듯이 아가의 연인들의 서로에 대한 사랑과 신뢰는 아주 확고하다. 그 어떤 훼방꾼도 이들의 사랑을 나눌 수는 없다. 하나님과 우리의 관계도 하나님의 우리를 향한 일방적인 짝사랑에 그치지 않고, 서로가 서로에게 사랑으로 예속되어 있음을 확인하는 자리에까지 나아가야 할 것이다.

E. 사랑하는 남자를 발견함(3 : 1－5)

(여자)

1내가 밤에 침상에서
마음으로 사랑하는 자를 찾았노라
찾아도 찾아내지 못하였노라
2이에 내가 일어나서 성 안을 돌아다니며
마음에 사랑하는 자를 거리에서나
큰 길에서나 찾으리라 하고
찾으나 만나지 못하였노라
3성 안을 순찰하는 자들을 만나서 묻기를
내 마음으로 사랑하는 자를
너희가 보았느냐 하고
4그들을 지나치자마자
마음에 사랑하는 자를 만나서
그를 붙잡고 내 어머니 집으로,
나를 잉태한 이의 방으로 가기까지
놓지 아니하였노라
5예루살렘 딸들아
내가 노루와 들사슴을 두고
너희에게 부탁한다
사랑하는 자가 원하기 전에는
흔들지 말고 깨우지 말지니라

[3 : 1] "내가 밤에 침상에서 마음으로 사랑하는 자를 찾았노라 찾아도 찾아내

지 못하였노라"

서론에서 언급했듯이 3 : 1은 아가를 하나의 꿈으로 보려는 학자들이 그 근거로 제시하는 구절이다. 그러나 여기서 여자가 꿈을 꾸고 있는 것인지 아니면 그냥 상상을 하고 있는 것인지, 또는 단지 사랑하는 자가 자신의 옆에 있기를 바라는 그녀의 갈망을 이런 식으로 표현한 것인지 분명하지 않다.

"마음으로 사랑하는 자"라는 표현은 직역하면 "내 영혼이 사랑하는 자"(שִׁי שֶׁאָהֲבָה נַפְ 쉐아하바 나프쉬)인데 이 단락에서만 네 번 반복하여 사용되어서 (1, 2, 3, 4절), 그를 찾는 그녀의 마음이 얼마나 애타고 간절한지를 보여 주고 있다. 여기에서 물론 히브리어에서 '영혼'을 가리키는 네페쉬(נֶפֶשׁ)라는 말은 우리가 흔히 생각하듯 신체와 독립적으로 존재하는 영적인 어떤 것이 아니라 사람의 전 존재를 가리키는 말이다.

[3 : 2] "이에 내가 일어나서 성 안을 돌아다니며 마음에 사랑하는 자를 거리에서나 큰 길에서나 찾으리라 하고 찾으나 만나지 못하였노라"

남자가 자신의 침대에 있지 않음을 알게 된 여인은 그를 찾기로 결심하고 밖으로 나간다. 그녀는 그녀가 살고 있는 도시를 돌아다니며 그를 찾아 헤맨다. 사람들로 북적대고 위험한 요소가 많은 도시는 둘만의 은밀한 사랑을 위한 장소와는 거리가 멀다. 특히 5 : 2~7을 보면 여자가 도시를 홀로 다니는 것이 얼마나 위험한 일인지를 알 수 있다. 이러한 위험을 감수하더라도 남자를 찾아 나서는 것을 보면 여자의 남자를 향한 사랑이 얼마나 강한지 알 수 있다.

[3 : 3] "성 안을 순찰하는 자들을 만나서 묻기를 내 마음으로 사랑하는 자를 너희가 보았느냐 하고"

개역성경에는 "성 안을 순찰하는 자들을 만나서 묻기를"이라고 번역되어 마치 여자가 이 문장의 주어인 것처럼 되어 있다. 그러나 사실 이 문장의 주어는 "성 안을 순찰하는 자들"이고 여자는 목적어이다. 즉, "성 안을 순찰하는 자들이 나를 발견하였다"가 정확한 번역이다. 이렇게 밤중에 정신없이 도시를 헤매고 다니는 여자의 모습이 순찰자들의 눈에 띈 것이다. 그런데 여자는 도시를 순찰하는 사람들을 보자마자 다짜고짜 자신의 남자를 어디서 찾을 수 있는지 물어본다. 여자는 다른 것에는 관심이 없고, 오직 남자의 행방에만 관심이 있는 것이다.

[3 : 4] "그들을 지나치자마자 마음에 사랑하는 자를 만나서 그를 붙잡고 내 어머니 집으로, 나를 잉태한 이의 방으로 가기까지 놓지 아니하였노라"

5 : 7에서는 순찰자들이 그녀를 학대하지만 여기에서는 아무런 대답이나 행동을 취하지 않는다. 순찰자들은 그녀의 남자가 누구인지 몰랐을 뿐만 아니라 어쩌면 그녀의 애타는 마음에는 관심조차 없었을지도 모른다. 여하튼 그녀는 결국 사랑하는 남자를 찾게 되었다. 다시는 그를 놓치고 싶지 않은 듯 그녀는 그의 손을 꼭 붙잡고 자신의 어머니의 집으로 데리고 간다. 우리는 여기서 내성적이고 수동적인 여성의 이미지를 벗어나서 자신의 사랑을 찾아 쟁취하고야 마는 개방적이고 적극적인 여성을 보게 된다.

'내 어머니의 집'은 8 : 2에서도 여자가 남자를 데리고 가는 장소로 등장한다. 아마도 딸이 아직 독립하여 집을 소유하지 않고 있기 때문에 이러한 표현을 사용하는 것 같은데, 여인의 의도는 분명 남자를 자신의 집으로 데려와 방해받지 않고 사랑을 나누려는 것이다. 한편 어느 학자는 '나를 잉태한 이의 방'을 자궁을 가리키는 표현으로 보기도 한다(T. Gledhill, *The Message of the Song of Songs*, 1994, p. 145). 이 경우에 남자를 '나를 잉태한 이의 방'으로 데려간다는 것은 남자의 성기를 자궁에 넣는 성행위를 암시하는 것이 될 수도 있다(T. Longman, *Song of Songs*, 2001, p. 131).

[3 : 5] "예루살렘 딸들아 내가 노루와 들사슴을 두고 너희에게 부탁한다 사랑

하는 자가 원하기 전에는 흔들지 말고 깨우지 말지니라"

앞서 2 : 7에서도 이와 똑같은 내용이 있었다. 이 구절의 의미에 대하여는 그곳의 해설을 참고하면 되겠다. 앞에서 언급했듯이 비록 얼핏 보기에는 이 구절이 두 남녀의 사랑을 훼방하지 말라는 말처럼 들릴 수도 있지만, 사실은 모든 사랑에는 적절한 때가 있음을 경고하는 내용으로 이해할 수 있다. 3 : 1~4에서 여자는 사랑의 감정이 때로는 얼마나 사람을 힘들게 하는지를 여실히 보여 주었다. 사랑하는 자가 잠시 사라지면 밤에 침상에서 그를 그리워 찾고, 결국에는 위험을 무릅쓰고 그를 찾아 밤중에 시내를 헤매고 다녀야 하는 상황은 사랑이라는 것이 항상 달콤하기만 한 것은 아님을 말해 준다. 그러한 사랑에 대한 준비가 되었을 때, 이러한 사랑의 고통도 감내할 자세가 되었을 때 비로소 사랑을 시작해야 함을 여자는 예루살렘의 딸들에게 경고하고 있는 것이다.

설교를 위한 묵상

아가의 내용을 보면 어떤 장면에서는 두 연인이 함께 사랑을 나누다가도 다음 장면으로 가면 둘은 서로 떨어져 있어서 만나지 못하고 있기도 하다. 본 단락에서도 마찬가지로 남자는 여인의 곁에 있지 아니하다. 이 상황에서 여인은 위험을 무릅쓰고서 자신의 연인을 찾아 나선다. 사랑은 강력한 힘이 있어 자신의 이익보다도 사랑하는 자를 먼저 생각하게 하고, 그 사랑을 위해서라면 어떠한 위험도 두렵지 않게 하기도 한다. 때로는 목숨을 걸고라도 지켜야 할 사랑도 있다. 사랑은 그만큼 가치 있고 고귀한 것이다.

김구원은 이스라엘이 하나님을 찾았지만 하나님이 만나 주지 않는다는 주제를 담고 있는 잠언 1 : 28, 이사야 1 : 15, 예레미야 11 : 11, 에스겔 8 : 18, 미가 3 : 4 등을 예로 들면서 본 단락에서 여자가 남자를 찾았지만 남자가 사라져서 찾을 수 없는 상황을 이스라엘과 하나님 사이의 관계와 관련해서 생각해 보아야 한다고 주장한다

(김구원, 「가장 아름다운 노래 – 아가서 이야기」, 2011, pp. 174–175). 비록 본 단락이 본래 의미하는 바는 아닐지라도 아가는 이렇게 우리와 하나님과의 관계를 유추해서 생각해 볼 수 있는 가능성을 제공해 주기도 한다.

F. 솔로몬의 행진(3 : 6–11)

(여자)
6몰약과 유향과
상인의 여러 가지 향품으로 향내 풍기며
연기 기둥처럼
거친 들에서 오는 자가 누구인가
7볼지어다 솔로몬의 가마라
이스라엘 용사 중 육십 명이 둘러쌌는데
8다 칼을 잡고 싸움에 익숙한 사람들이라
밤의 두려움으로 말미암아
각기 허리에 칼을 찼느니라
9솔로몬 왕이 레바논 나무로
자기의 가마를 만들었는데
10그 기둥은 은이요 바닥은 금이요
자리는 자색 깔개라
그 안에는 예루살렘 딸들의
사랑이 엮어져 있구나
11시온의 딸들아

나와서 솔로몬 왕을 보라
혼인날 마음이 기쁠 때에
그의 어머니가 씌운 왕관이
그 머리에 있구나

[3 : 6] "몰약과 유향과 상인의 여러 가지 향품으로 향내 풍기며 연기 기둥처럼 거친 들에서 오는 자가 누구인가"

3 : 6~11의 화자가 누구인지에 대해서는 의견이 분분하다. 어떤 사람들은 아래에 설명한 대로 "거친 들에서 오는 자"를 받는 대명사가 여성형이라는 사실에 근거하여 솔로몬의 가마를 타고 오는 자는 솔로몬이 아니라 아가의 여주인공이라고 본다. 따라서 6~10절은 예루살렘의 딸들이 하는 말이고, 도착하여 가마에서 내린 여자가 한 말이 11절이라고 생각한다. 그러나 이러한 결론은 근거가 미약하다. 아래에서 설명했듯이 여성형 대명사는 다른 방식으로 이해될 수 있는 여지가 있기 때문이다. 오히려 많은 주석가들은 11절에 "시온의 딸들"이 불리는 대상으로 나오기 때문에 이 단락의 화자가 될 수 없고, 따라서 아가의 여주인공이 이 단락의 화자라고 이해하고 있다.

מִי זֹאת(미 조트)는 말 그대로는 "그녀는 누구인가"이지만 "이것은 무엇인가"로 이해할 수도 있다. 여기에서 **זֹאת**(조트)가 여성형이기 때문에 문법을 엄밀하게 적용하면 7절 이후에 등장하는 인물이 여자여야 한다. 그러나 그 인물은 여자가 아닌 솔로몬이다. 그러므로 **מִי זֹאת**(미 조트)를 "그녀는 누구인가"로 번역하기보다는 **זֹאת**(조트)를 중성을 가리키는 것으로 보아서 "이것은 무엇인가"로 이해하는 것이 더 낫다. 이 경우 '이것'은 7절 이하에 나오는 '솔로몬의 가마'를 가리킨다.

이 구절은 분명히 솔로몬의 행렬을 묘사하고 있는 것이다. 그런데 연기 기둥은 무엇이며, 왜 솔로몬의 행렬이 광야 또는 사막(미드바르 **מִדְבָּר**, 개역성경에는 '거친 들')에서 오는 것인지가 분명하지 않다. 연기 기둥은 아마도 솔로몬의 행렬이 일으키는 먼지를 가리키는 것으로 그 행렬의 규모가 상당함을 나타내고자 하는 표현으로 볼 수 있다. 또는 이 행렬에서 사용하는 각종 향료와 분향제로 인한 연기를 가리키는 것일 수도 있다. 귀한 향료들이 이 행렬에 사용되었다는 것은 이 행렬이 얼마나 높은 지위의 사람의 것인지를 알려 준다.

솔로몬의 행렬이 사막에서 시작된다는 것 역시 그 의미를 정확히 알 수는 없다. 사막을 고대 근동의 저승과 연결해서 이해하려는 시도도 있었고(M. Pope, *Song of Songs : A New Translation with Introduction and Commentary*, 1977, pp. 424－426), 이 구절은 이집트의 공주가 사막을 건너오는 모습을 묘사한 것이라고 주장한 학자도 있었으며(R. Gordis, *The Song of Songs : A Study, Modern Translation, and Commentary*, 1954, p. 56), 이를 이집트의 테베의 사막에서 행하여지던 오펫 축제(Opet festival)와 관련하여 생각한 주석가도 있었다(Gillis Gerleman, *Ruth, Das Hohelied*, 1965, p. 136). 어느 설명도 만족스럽지 못하다. 솔로몬의 행렬이 사막에서 온다는 것은 단지 그 행렬이 아주 먼 곳에서부터 오고 있음을 말하기 위한 표현이 아닌가 생각된다.

[3 : 7] "볼지어다 솔로몬의 가마라 이스라엘 용사 중 육십 명이 둘러쌌는데"

아가 전체에는 솔로몬의 이름이 모두 일곱 번 나오는데(그러나 본 주석은 1 : 5의 '솔로몬'은 '살마'로 읽을 것을 제안한다), 본 단락에서만 세 번 언급되고 있다. 그러나 솔로몬 자신이 정작 이 단락의 주인공은 아니다. 오히려 솔로몬의 가마가 중심 주제로 나타난다. '가마'로 번역된 히브리어 מִטָּה(미타)의 원래 의미는 '침대'이다. 즉, 기대거나 누울 수 있는 형태의 이동식 가마를 말하는 것이다. 그렇다면 여기에서 솔로몬의 가마의 역할은 무엇인가? 일부 학자들은 이 단락이 솔로몬의 행진을 묘사하는 것이라고 해석한다. 이집트의 공주가 솔로몬의 가마를 타고 사막을 건너와서 솔로몬과 혼인을 치르는 장면이라는 것이다(R. Gordis, *The Song of Songs : A Study, Modern Translation, and Commentary*, 1954, p. 56).

그러나 여기서 솔로몬 시대의 역사적 사건을 찾으려는 것은 무리가 있는 시도이다. 아가 전체를 통하여 여자는 왕의 이름과 권위를 빌어 자신의 남자를 칭찬하곤 한다는 사실을 기억해야 한다(1 : 4, 12 ; 6 : 8－9 ; 7 : 5[히브리어 4절] ; 8 : 11－12). 이 단락에서도 여자는 자신이 사랑하는 남자가 자신에게로 오는 모습을 솔로몬의 행진에 비유하여 그의 부와 아름다움, 권위와 존귀함을 자랑하고 있다고 볼 수 있다.

[3 : 8] "다 칼을 잡고 싸움에 익숙한 사람들이라 밤의 두려움으로 말미암아 각기 허리에 칼을 찼느니라"

솔로몬의 가마는 그 권위에 걸맞게 이스라엘 용사 육십 명에 의하여 호위되고 있다. 8절은 이 용사들의 용맹함에 대하여 구체적으로 설명하고 있다. 다윗의 용사들이 삼십 명이었다는 사실에 견주어 보면(삼하 23 : 13, 23－24), 솔로몬의 호위 용사들의 수가 육십 명이라는 것은 다윗을 뛰어넘는 솔로몬의 권위를 나타낸다. 아가의 여인은 자신의 연인이 그만큼 존귀한 사람임을 솔로몬의 권위에 빗대어 표현하고 있는 것이다.

"밤의 두려움으로 말미암아"라는 번역보다는 '밤의 두려움에 맞서서'라는 번역이 더 문맥에 적합하다. '밤의 두려움'이라는 것이 구체적으로 무엇을 가리키는 것인지는 분명하지 않다. 시편 91 : 5에도 밤의 공포가 언급되어 있으나 여기에도 역시 구체적으로 무엇에 대한 공포인지는 나와 있지 않다. 사막을 지나가는 행렬은 항상 위험에 노출될 수밖에 없다. 특히 밤에는 더욱 그러하다. 솔로몬의 용사들은 항상 이러한 위험에 대비하여 싸울 준비가 되어 있다는 것이다.

[3 : 9] "솔로몬 왕이 레바논 나무로 자기의 가마를 만들었는데"

개역성경은 7절의 מִטָּה(미타)와 9절의 אַפִּרְיוֹן(아피르욘)을 구분하지 않고 모두 '가마'로 옮겼다. אַפִּרְיוֹן(아피르욘)은 구약성경에 한 번밖에 나오지 않는 어려운 단어이다. 이 단어의 기원에 대하여 여러 가지 견해들이 있어 왔다. 산스크리트어 par-yanka, 페르시아어 upari-yana, 이집트어 pr 등이 이 단어와 관련된 것으로 제기되었는데, 이보다는 그리스어 φορεῖον(포레이온)이 더 관련이 있어 보인다(Michael V. Fox, *The Song of Songs and the Ancient Egyptian Love Songs*, 1985, pp. 125-130의 논의를 보라).

레바논은 고대로부터 최고급 목재의 산지로 알려져 왔다. 성전과 왕궁을 지을 때로 레바논에서 수입한 목재가 사용되었다. 솔로몬의 가마가 레바논 나무로 만들어진 것은 역시 솔로몬의 부와 권귀를 나타낸다.

[3 : 10] "그 기둥은 은이요 바닥은 금이요 자리는 자색 깔개라"

만일 **אַפִּרְיוֹן**(아피르욘)이 그리스어에서 왔다면 말 그대로 옮겨질 수 있는 이동식 가마를 가리킨다. 그러나 여기에서 묘사되고 있는 내용을 보면 이동식 가마라기보다는 에스더 1 : 5~6에 등장하는 왕궁 후원 뜰에 있는 누각 또는 정자와 같은 구조물에 가깝다는 지적이 있다(Michael V. Fox, *The Song of Songs and the Ancient Egyptian Love Songs*, 1985, p. 126). 하지만 이동식 정자도 기둥 및 내부가 있을 수 있다. 7~8절과 9~10절을 서로 다른 별개의 구조물을 묘사하는 것이라고 보는 것은 문맥상 적합하지 않으며, 따라서 9절의 **אַפִּרְיוֹן**(아피르욘)은 7절의 **מִטָּה**(미타)와 사실상 같은 것이지만 좀 더 크고 화려한 이동식 침상 가마를 가리키는 단어로 볼 수 있겠다.

"그 안에는 예루살렘 딸들의 사랑이 엮어져 있구나" 히브리어로는 **וּשָׁלָם מִבְּנוֹת יְר**(미브노트 예루샬라임, 예루살렘 딸들로부터)으로 되어 있는데, 대부분의 학자들은 전치사 **מִן**(민)을 그 앞의 단어 **אַהֲבָה**(아하바, '사랑')와 연결시켜 이해한다. 이렇게 되면 **אַהֲבָה**(아하바) 대신에 **הָבְנִים**(호브님, 흑단) 또는 더 가능성이 높은 **אֲבָנִים**(아바님, 돌, 보석)으로 고쳐 읽을 수 있게 된다. 특히 솔로몬의 가마 안에 사랑이 엮여져 있다는 말의 의미가 매우 모호하므로 이렇게 수정하는 것이 더욱 타당하다고 볼 수 있다. 그리고 '예루살렘 딸들'은

11절에 연결하는 것이 훨씬 자연스럽다. 그러므로 10절 하반절은 다음과 같이 옮길 수 있다. "그 내부에는 보석들이 박혀 있구나"

[3 : 11] "시온의 딸들아 나와서 솔로몬 왕을 보라 혼인날 마음이 기쁠 때에 그의 어머니가 씌운 왕관이 그 머리에 있구나"

앞서 언급한 대로 개역성경 10절에 있는 "예루살렘 딸들"을 11절의 서두에 붙여서 다음과 같이 옮기는 것이 정확한 번역이다(김영진, 「가장 아름다운 노래 아가서」, 2010, p. 173).

> 예루살렘 딸들아 나오라
> 시온의 딸들아 솔로몬 왕을 보라

고대 이스라엘에서 왕의 어머니가 왕의 대관식에서 또는 혼인날 아들에게 왕관을 씌워 주는 관습에 대하여는 아직 알려진 바가 없다. 이 단락은 어쩌면 왕의 혼인예식 행진과 관련된 전승에서 유래한 것일지도 모른다. 하지만 아가에서 이 전승은 아가의 연인들이 마치 솔로몬과 그의 신부처럼 존귀하고 아름다운 사랑의 연합을 이루는 것을 나타내고 있다.

설교를 위한 묵상

11절에는 혼인날이 언급되고 있다. 남녀가 부부로 공식적으로 선언되는 이 날, 예전에는 남이었던 한 쌍의 남녀는 "둘이 한 몸을 이루라"는 하나님의 창조질서를 이루게 된다. 성경에서 혼인관계는 하나님과 그의 백성 사이의 긴밀한 관계를 설명하기 위하여 종종 사용되는 은유이다. 결혼한 부부들은 시간이 지나가고 연애할 때의 강렬했던 감정이 잦아들면서 이제는 감정만이 아닌 상호간의 신뢰, 상대에 대한 배려와 지속적인 관심, 상대의 아픔을 보듬어 줄 수 있는 마음, 진실함과 정직함 등이 행복한 결혼을 유지하는 요소들임을 깨닫게 된다.

우리 개개인의 신앙생활도 이와 비슷하다. 하나님을 처음 만났을 때의 강렬했던 기쁨에 대한 아련한 추억에만 매달려 있으면 신앙은 더 이상 앞으로 나아갈 수가 없다. 하나님을 처음 만난 이후로는 하나님의 사랑에 대한 전적인 신뢰를 바탕으로 흔들리지 않는 믿음생활을 유지해 나가야 하는 것이다.

G. 신부의 아름다움(4 : 1 – 7)

(남자)

1내 사랑
너는 어여쁘고도 어여쁘다
너울 속에 있는 네 눈이 비둘기 같고
네 머리털은 길르앗 산 기슭에 누운
염소 떼 같구나
2네 이는 목욕장에서 나오는
털 깎인 암양
곧 새끼 없는 것은 하나도 없이
각각 쌍태를 낳은 양 같구나
3네 입술은 홍색 실 같고
네 입은 어여쁘고
너울 속의 네 뺨은
석류 한 쪽 같구나
4네 목은 무기를 두려고 건축한

다윗의 망대 곧 방패 천 개,
용사의 모든 방패가 달린 망대 같고
5네 두 유방은
백합화 가운데서 꼴을 먹는
쌍태 어린 사슴 같구나
6날이 저물고 그림자가 사라지기 전에
내가 몰약 산과 유향의 작은 산으로 가리라
7나의 사랑
너는 어여쁘고
아무 흠이 없구나

[4 : 1] "내 사랑 너는 어여쁘고도 어여쁘다 너울 속에 있는 네 눈이 비둘기 같고 네 머리털은 길르앗 산 기슭에 누운 염소 떼 같구나"

4 : 1~5에서 남자는 자신이 사랑하는 여인의 외모, 특히 신체의 각 부분들을 각종 동식물들에 비유하여 칭찬을 늘어놓고 있다. 아가에는 4 : 1~5 이외에도 5 : 10~16, 6 : 4~7, 7 : 1~5절(히브리어 2－6절)에서도 이와 비슷한 신체의 묘사가 등장한다.

"나의 사랑 너는 어여쁘다"는 문구가 4장 1절과 7절에 있어서 한 단락을 구분하고 있다. 본 절의 중반까지는 1 : 15과 동일하다. 이 부분의 번역과 내용에 대해서는 1 : 15의 주석을 참고하면 된다.

너울이라는 것은 여자가 외출할 때 얼굴을 가리기 위하여 쓰는 베일 또는 면사포를 가리킨다. 면사포를 통하여 들여다볼 수 있는, 즉 면사포 뒤에 살며시 감추어진 여인의 눈이 비둘기처럼 매혹적이라는 말이다. 구불구불하고 검은 여인의 머리털이 드리워져 있는 모습은 길르앗 산기슭에 검은 염소들이 굽이굽이 줄지어 내려오는 장면에 비유되고 있다. 이렇게 검고 풍부한 머리털은 여인의 신체에서 남성을 끄는 가장 매력적인 부분의 하나이다.

[4 : 2] "네 이는 목욕장에서 나오는 털 깎인 암양 곧 새끼 없는 것은 하나도 없이 각각 쌍태를 낳은 양 같구나"

1절에서 여인의 머리털을 검은 염소 떼에 비유한 남자는 2절에서 그에 대조되는 이미지를 사용한다. 여인의 이를 목욕하고 난 흰 암양에 비유한 것이다. 새끼 없는 것은 하나도 없이 각각 쌍태를 낳은 양 같다는 말은 암양을 지칭하는 것으로 보이지만, 사실은 여인의 이가 정확하게 윗니 아랫니가 쌍을 이루고 있고, 중간에 빠진 이가 없이 완벽하게 가지런함을 나타내는 표현이다. 이러한 시적 표현은 שֶׁכֻּלָּם(쉐쿨람, '그 모든 것들')과 שַׁכֻּלָה(샤쿨라, '잃다')와 같이 비슷한 발음의 단어들이 병치됨으로 그 효과가 배가 되고 있다.

[4 : 3] "네 입술은 홍색 실 같고 네 입은 어여쁘고"

1절의 검정색, 2절의 흰색에 이어 남자는 여인의 얼굴에서 붉은색을 발견해 낸다. 바로 여인의 입술이다. 마치 홍색 실처럼 붉은 여인의 입술은 강렬하면서도 매력적이다. 그런데 홍색 실의 비유가 여인의 입술의 색깔만을 말하는 것인지, 아니면 동시에 얇은 입술의 모양까지 나타내는 것인지는 분명하지 않다.

이 단락에서 다른 신체 부위는 모두 비유를 통하여 표현되고 있는데 반해 "네 입은 어여쁘고"라는 말은 아무런 비유가 없이 밋밋하고 상투적이다. 그리고 이 문장에서 '입'으로 번역된 단어 מִדְבָּר(미드바르)는 '말하다'라는 의미의 동사어근 דבר에서 파생된 것으로 '말하는 곳', 즉 '입'을 가리킨다. 이러한 의미로는 구약성경에서 유일하게 이곳에서 사용되었다. 입을 가리키는 평범한 단어 פֶּה(페) 대신에 왜 이렇게 생소한 단어가 사용되었을까? 바로 시적 표현을 위해서이다. מִדְבָּר(미드바르)는 '사막', '광야'를 가리키는 단어와 동음이의어다. 그리고 '어여쁘다'는 히브리어로 נָאוֶה(나아웨)이며 이 단어는 '목초지', '거주지'를 의미하는 נָוֶה(나웨)와 발음이 매우 흡사하다. 아가의 저자는 나아웨가 나웨를 연상시킨다는 사실에 착안하여 의도적으로 나웨와 의미상 강한 대조를 이루는 מִדְבָּר(미드바르)를 פֶּה(페) 대신 사용한 것으로 보인다.

"너울 속의 네 뺨은 석류 한 쪽 같구나" 뺨으로 번역된 רַקָּה(락카)가 정확히 무엇을 말하는지 분명하지 않다. 일반적으로 '관자놀이'를 가리키는 말로 여겨지는데 여인의 신체의 각 부분의 아름다움을 찬양하는 본 문맥에서 관자놀이의 등장은 다소 생뚱맞다. 그러므로 많은 주석가들은 여기에서 רַקָּה(락카)는 뺨을 포함하는 부분으로 이해한다. 남자는 여인의 불그레한 뺨을 잘라놓은 석류에 비유하고 있다. 특히 너울 속에 살짝 감추어진 여인의 뺨은 마치 석류의 붉은 알갱이가 흰 막으로 감싸져 있는 것을 연상케 한다.

[4 : 4] "네 목은 무기를 두려고 건축한 다윗의 망대 곧 방패 천 개, 용사의 모든 방패가 달린 망대 같고"

다윗의 망대에 대하여는 알려진 바가 전혀 없으나 아마도 예루살렘 성벽에 세워진 망대일 것이다. 남자는 여인의 긴 목을 이러한 망대에 비유하고 있다. 그런데 단순한 망대가 아니다. 돌이나 벽돌 같은 것들로 층층이 쌓여 있는 망대이다. 개역성경의 '무기를 두려고'는 아마도 방패가 걸려 있는 망대라는 설명에서 유추한 번역으로 생각된다. 이렇게 번역된 לְתַלְפִּיּוֹת(르탈피요트)는 구약성경에 단 한 번 등장하는 단어라서 그 의미가 불분명하다. 그렇지만 많은 학자들은 다윗의 망대가 벽돌 같은 것으로 층층이 쌓인 구조적 형태로 보고 있다. 그러므로 본 절은 각종 보석들과 비즈 같은 것들이 층을 이루어 줄줄이 걸려 있는 여인의 목걸이의 모습을 말하는 것이다.

망대 위에 달린 방패에 대하여는 에스겔 27 : 11에서 힌트를 얻을 수 있다. "아르왓 사람과 네 군대는 네 사방 성 위에 있었고 용사들은 네 여러 망대에 있었음이여 네 사방 성 위에 방패를 달아 네 아름다움을 온전하게 하였도다" 이스라엘에서는 아마도 망대 위에 방패를 달아놓아 그 성의 용사들의 용맹함과 전투 의지를 과시하였던 것 같다.

과연 여인의 목이 다윗의 망대와 같다는 의미가 무엇인지 주석가들의 견해가 분분하다. 목이 망대처럼 곧고 높아서 자존심이 센 여자임을 나타내는 것이라는 주장, 또는 망대처럼 난공불락이어서 남자가 함부로 범접할 수 없는 여성임을 보여주는 것이라는 주장도 있다. 하지만 위에 기술했듯이 망대의 비유가 사용된 것은 여인의 목과 목걸이의 외형적인 모습과 가장 깊은 관련이 있다고 볼 수 있다.

[4 : 5] "네 두 유방은 백합화 가운데서 꼴을 먹는 쌍태 어린 사슴 같구나"

여인의 가슴은 한 쌍의 어린 사슴에 비유되고 있다. 잠언 5 : 19을 보면 사슴은 우아하고 아름다움을 상징하는 동물임을 알 수 있다. "그는 사랑스러운 암사슴 같고 아름다운 암노루 같으니 너는 그의 품을 항상 족하게 여기며 그의 사랑을 항상 연모하라" 유방을 한 쌍의 사슴에 비유한 것은 두 유방의 모양이 잘 균형 잡혀 있음을 강조하기 위한 것이다.

아가 7 : 3[히브리어 4절]에도 같은 구절이 반복되긴 하는데 다만 "백합화 가운데서 꼴을 먹는"이라는 수식어구가 빠져 있다. 그러므로 일부 학자들은 이 수식어구를 후대의 추가로 여겨서 빼어 버리기도 한다. 그러나 이 수식어구는 여유롭고 목가적인 분위기를 자아내고 또한 백합화의 향기를 연상케 하는 나름대로 의미 있는 역할을 한다고 볼 수 있다. 또한 2 : 1과 16절에서 여인이 백합화와 관련지어 등장한다는 사실도 염두에 두어야 할 것이다.

[4 : 6] "날이 저물고 그림자가 사라지기 전에 내가 몰약 산과 유향의 작은 산으로 가리라"

남자는 사랑하는 여인의 외모를 묘사하는 비유를 그치고 이제 그녀와 함께 있고자 하는 욕망을 드러낸다. 4 : 6은 앞서 여자가 남자에게 한 말을 연상케 한다. 2 : 17에서 여자는 남자에게 "날이 저물고 그림자가 사라지기 전에" 자신에게로 돌아오라고 부탁한다. 이에 대한 답변으로 남자는 "날이 저물고 그림자가 사라지기 전에" 몰약 산과 유향의 작은 산으로 가리라고 약속하고 있다. 몰약과 유향은 이스라엘에서 생산되지 않는 향료들이다. 그러므로 이 산들은 지정학적인 의미를 가지고 있다고 보기 힘들다. 여기에서 몰약 산과 유향의 작은 산은 여인의 가슴을 가리킨다. 산과 언덕도 여인의 가슴처럼 봉긋 솟아올라 있음을 상기하면 산과 가슴을 연결하는 것이 그리 어려운 일은 아니다. 다시 말해서 남자는 저녁이 되기 전에(2 : 17 주석 참고) 자신에게로 돌아와야 한다는 여인의 요청에 응답하고 있는 것이다.

[4 : 7] "나의 사랑 너는 어여쁘고 아무 흠이 없구나"

바로 위의 6절이 여인의 외모에 대한 묘사가 주를 이루고 있는 1~7절의 흐름을 단절시키고 있기 때문에 어떤 주석가들은 6절과 7절의 위치를 바꿀 것을 제안하기도 한다. 그러나 7절은 1절과 같은 어구들을 사용하여 본 단락의 시작과 끝을 구성하는 중요한 기능을 하고 있다.

설교를 위한 묵상

본 단락에서 남자는 여성의 신체의 각 부위에 대한 칭찬을 각종 짐승들에 비유하며 늘어놓고 있다. 성경의 그 어떠한 책도 여성의 신체를 아가처럼 높이 평가하지 않는다. 만일 아가와 같은 책이 없었다면 우리는 영혼은 존귀하고 몸은 무익하다는 이단적인 사상을 떨쳐버리지 못했을지도 모른다. 그러한 점에서 아가는 인간의 몸의 가치와 소중함을 일깨워 주는 귀한 책이라고 할 수 있다. 성경의 여러 부분에서 여성의 신체는 남자를 유혹하여 걸려 넘어지게 하고, 부정하고 불결하기까지 하다. 그러나 아가에서 여성의 신체는 하나님의 창조물들의 아름다운 요소들을 잘 반영하고 있는 가장 귀한 부분이다. 기독교는 몸의 부활을 믿는 종교이다. 하나님께서 인간에게 주신 몸은 무엇보다도 소중한 것이다. 이러한 몸의 소중함을 바르게 인식할 때 삐뚤어진 성에 대한 관념이 야기하고 있는 우리 사회의 여러 가지 문제점들이 완화될 수 있을 것이다.

H. 여인의 아름다움에 대한 찬양(4：8－5：1)

(남자)

8내 신부야

너는 레바논에서부터 나와 함께하고

레바논에서부터 나와 함께 가자

아마나와 스닐과 헤르몬 꼭대기에서

사자 굴과 표범 산에서 내려오너라

9내 누이, 내 신부야

네가 내 마음을 빼앗았구나

네 눈으로 한 번 보는 것과

네 목의 구슬 한 꿰미로

내 마음을 빼앗았구나

10내 누이, 내 신부야

네 사랑이 어찌 그리 아름다운지

네 사랑은 포도주보다 진하고

네 기름의 향기는

각양 향품보다 향기롭구나

11내 신부야

네 입술에서는 꿀 방울이 떨어지고

네 혀 밑에는 꿀과 젖이 있고

네 의복의 향기는

레바논의 향기 같구나

12내 누이, 내 신부는 잠근 동산이요

덮은 우물이요 봉한 샘이로구나

13네게서 나는 것은 석류나무와
각종 아름다운 과수와
고벨화와 나도풀과
14나도와 번홍화와 창포와 계수와
각종 유향목과 몰약과 침향과
모든 귀한 향품이요
15너는 동산의 샘이요
생수의 우물이요
레바논에서부터 흐르는 시내로구나
(여자)
16북풍아 일어나라 남풍아 오라
나의 동산에 불어서 향기를 날리라
나의 사랑하는 자가 그 동산에 들어가서
그 아름다운 열매 먹기를 원하노라
(남자)
1내 누이, 내 신부야
내가 내 동산에 들어와서
나의 몰약과 향 재료를 거두고
나의 꿀송이와 꿀을 먹고
내 포도주와 내 우유를 마셨으니
(예루살렘의 딸들)
나의 친구들아 먹으라
나의 사랑하는 사람들아
많이 마시라

[4 : 8] "내 신부야 너는 레바논에서부터 나와 함께하고 레바논에서부터 나와 함께 가자 아마나와 스닐과 헤르몬 꼭대기에서 사자 굴과 표범 산에서 내려 오너라"

'나와 함께하고'는 마소라 본문의 אִתִּי(잇티)를 그대로 옮긴 것인데 고대 번역본들은 이 단어를 אֱתִי(에티, '와라')로 읽고 있다. 본문비평의 원칙을 무비판적으로 적용하는 것은 문제가 있지만 이 경우는 '어려운 읽기를 선호하는' lectio difficilio potior(렉티오 디피실리오 포티오르)의 원리가 잘 들어맞는다. 따라서 본 절의 상반절은 다음과 같이 옮길 수 있다.

"레바논에서부터 오너라, 신부야 오너라, 레바논에서부터 오너라" 레바논이 언급된 것은 바로 앞 6절의 לְבוֹנָה(레보나, '유향')와 발음이 유사하기 때문에 시적 효과를 위한 것이다. 레바논은 최고급 백향목의 산지로 유명하다. 메소포타미아의 길가메쉬 서사시 등에서 알 수 있듯이 훔바바 또는 후와와라는 괴물이 레바논의 백향목 숲을 지키고 있어서 아무나 함부로 접근할 수 없는 신비한 지역이다. 남자는 자신의 연인이 쉽게 다가갈 수 없는 고귀하고 신비로운 여인임을 말하려는 것이다.

아마나와 스닐과 헤르몬은 레바논 동부 산지의 중앙, 북부, 남부를 대표하는 지명으로 볼 수 있다. 사자와 표범이 있는 곳은 현재 여인이 머무르고 있는 장소가 남자가 쉽게 접근할 수 없는 위험한 곳임을 암시한다. 남자는 여인이 어서 그 장소를 벗어나 자기에게로 오도록 요청하고 있다.

본 단락의 저자는 비슷한 발음의 여러 단어들을 가지고 고난도의 시적 기교들을 사용하고 있다. 각종 특이한 향신료들과 동물들이 등장하는 것도 바로 이러한 시적 효과와 관련이 있다(이러한 시적 기교를 위해 사용된 히브리어 단어들은 Michael V. Fox, *The Song of Songs and the Ancient Egyptian Love Songs*, 1985, pp. 134-135에 정리되어 있다).

[4 : 9] "내 누이, 내 신부야 네가 내 마음을 빼앗았구나 네 눈으로 한 번 보는

것과 네 목의 구슬 한 꿰미로 내 마음을 빼앗았구나"

여기에 '내 누이'라는 호칭이 아가에서 처음으로 등장한다. 이는 실제로 누이동생이라는 말이 아니고 그만큼 친밀한 관계임을 나타내는 표현이다. "네가 내 마음을 빼앗았구나"로 번역된 동사 לִבַּבְתִּנִי(리밥티니)는 '마음'을 가리키는 명사에서 파생된 동사이다.

"네 눈으로 한 번 보는 것"이라는 우리말 표현은 그 의미가 잘 전달되지 않는다. 직역하면 '너의 한 눈으로'인데, 내 마음을 빼앗는 데는 눈 하나면 족하다는 것이다. "너의 눈길 하나만으로도 내 마음을 빼앗았다"는 의미이다. '네 목의 구슬 한 꿰미'도 마찬가지로 목걸이 전체가 아니라 "목걸이에 달린 여러 보석들 중 하나"만으로도 내 마음을 빼앗았다는 의미로 이해할 수 있다. 한마디로 남자는 여자에게 첫눈에 반한 것이다.

[4 : 10] "내 누이, 내 신부야 네 사랑이 어찌 그리 아름다운지 네 사랑은 포도주보다 진하고 네 기름의 향기는 각양 향품보다 향기롭구나"

1 : 2에도 여인의 사랑을 포도주와 비교하는 내용이 나온다. 같은 문구가 1 : 2에서는 포도주보다 '낫다'고 번역되었는데, 무슨 이유로인지 본 절에서는 포도주보다 '진하다'로 되어 있다. 1 : 2의 주석에서 언급했듯이 '낫다'라는 개념이 포도주와 관련하여 사용된 동사 טוֹב(토브)의 포괄적 의미를 더 잘 전달해 준다.

'각양 향품'으로 번역된 בֹּשֶׂם(보셈)은 구체적으로는 발삼을 가리킨다. 이 향료가 거룩한 성막에서 사용되었고, 또한 스바의 여왕이 솔로몬에게 가져온 물품의 목록에서 금과 보석들과 함께 언급되고 있다는 사실만 보아도 이 향료가 얼마나 귀한 것이었는지를 알 수 있다(출 25 : 6 ; 왕상 10 : 2).

[4 : 11] "내 신부야 네 입술에서는 꿀 방울이 떨어지고 네 혀 밑에는 꿀과 젖이 있고 네 의복의 향기는 레바논의 향기 같구나"

4 : 3에서 여인의 입술의 아름다움을 찬양했던 남자는 여기에서 여인의 입술의 감미로움을 칭송한다. 꿀과 젖이 흐르는 여인의 입술과 혀는 풍요롭고 관능적인 심상을 자아낸다. 남녀가 입맞춤을 할 때의 느낌을 이보다 더 감각적으로 표현할 수는 없을 것이다.

남자는 미각뿐만 아니라 후각을 동원하여 여인을 묘사한다. 레바논의 향기는 호세아 14 : 6에도 언급된다. 여인의 옷은 레바논의 백향목과 같은 좋은 향기를 발하여 남자를 매혹시킨다.

[4 : 12] "내 누이, 내 신부는 잠근 동산이요 덮은 우물이요 봉한 샘이로구나"

'우물'은 히브리어 גַּל(갈)을 옮긴 것인데 이 단어는 사실 '돌무더기'를 가리키는 말이다. 어떤 학자들은 우가릿의 gl '컵'을 근거로 '웅덩이' 또는 '저수지'로 번역하기도 한다(Edwin M. Good, "Ezekiel's Ship : Some Extended Metaphors in the Old Testament," 1970, 94 no. 44). 그러나 여러 고대 역본들과 사본들처럼 גַּל(갈)을 גַּן(간, 정원, 동산)으로 읽는 것이 더 무난하다.

샘에 대해서는 잠언 5 : 16에 흥미로운 비유가 있다. "어찌하여 네 샘물을 집 밖으로 넘치게 하며 네 도랑물을 거리로 흘러가게 하겠느냐" 이 구절에서 샘물과 도랑물은 아내를 가리킨다. 마찬가지로 아가의 본 절에서도 사랑하는 여인이 샘물에 비유되고 있다.

여자가 잠겨 있는 동산이며 봉해져 있는 샘이라는 것은 오직 자기만의 것이라는 남자의 은근한 자랑이다. 다른 남자들은 접근이 불가능한 존재라는 것이다. 16절에서 볼 수 있듯이 여인의 사랑하는 자만이 이 동산에 들어갈 수 있다. 물론 들어간다는 것은 성적인 의미를 담고 있기도 하다.

[4 : 13] "네게서 나는 것은 석류나무와 각종 아름다운 과수와 고벨화와 나도풀과"

[4 : 14] "나도와 번홍화와 창포와 계수와 각종 유향목과 몰약과 침향과 모든

귀한 향품이요"

13절의 처음 두 단어 שְׁלָחַיִךְ פַּרְדֵּס(쉴라하이크 파르데스)는 개역성경에 단순히 '네게서 나는 것은'으로 번역되었다. שְׁלָחַיִךְ(쉴라하이크)는 '보내다'를 의미하는 어근에서 온 것으로 '가지' 또는 '수로'를 의미하곤 한다. 만일 '수로'를 의미한다면 여성의 성기를 완곡하게 표현한 것으로 이해할 수도 있다(Othmar Keel, *The Song of Songs, 1994, 172-176 ; Marvin Pope, Song of Songs : A New Translation with Introduction and Commentary*, 1977, pp. 490-491).

12절에서는 여인을 상징하는 동산을 나타내는 말로 גַּן(간)이 사용되었는데, 여기에서는 같은 동산의 개념을 פַּרְדֵּס(파르데스)로 이어 가고 있다. 이 단어는 페르시아어에서 기원한 것으로 파라다이스라는 말의 어원이 된다. 이 단어는 '낙원', '공원'을 의미한다. 그러므로 본 13절의 도입부는 שְׁלָחַיִךְ(쉴라하이크)를 어떻게 이해하느냐에 따라서 '너의 가지들은 낙원' 또는 '너의 수로들은 낙원'으로 옮길 수 있다. 너에게서 나온 가지들 또는 수로들이 낙원을 가득 채운다는 뜻이다. 이 낙원에는 각종 나무들과 귀한 향료들이 무성하게 자라고 있다.

[4 : 15] "너는 동산의 샘이요 생수의 우물이요 레바논에서부터 흐르는 시내로구나"

여자는 동산을 적시는 샘물로 비유된다. 동산의 샘, 생수의 우물, 레바논에서 흐르는 시내는 결국 여성의 음부를 가리키는 것으로 볼 수 있다.

[4 : 16] "북풍아 일어나라 남풍아 오라 나의 동산에 불어서 향기를 날리라 나의 사랑하는 자가 그 동산에 들어가서 그 아름다운 열매 먹기를 원하노라"

15절까지가 남자의 말이었다면 16절은 여자의 말이다. 여자는 바람들이 깨어나 불어서 향기를 풍겨 남자를 동산으로 이끌도록 명령하고 있다. '그 동산'은 직역하면 '그의 동산'이다. 나의 동산은 곧 그의 동산이 된다. 그리고 4 : 12의 잠근 동산은 이제 그를 향해 활짝 열린 동산이 된다. 동산은 여인 자신을 나타내므로 남자가 그 동산의 열매를 먹기를 원한다는 것은 이제 과일이 무르익듯이 받아들일 준비가 되었으니 남자가 와서 자신과 사랑해 주기를 간청하는 것이다.

[5 : 1] "내 누이, 내 신부야 내가 내 동산에 들어와서 나의 몰약과 향 재료를 거두고 나의 꿀송이와 꿀을 먹고 내 포도주와 내 우유를 마셨으니 (예루살렘의 딸들) 나의 친구들아 먹으라 나의 사랑하는 사람들아 많이 마시라"

남자는 여자의 초대에 응답한다. 남자는 동산에 들어가서 몰약, 꿀, 포도주, 우유를 마셨다. 앞에서 계속 언급했듯이 들어가고, 먹고, 마시고 하는 행위는 성적인 의미를 내포할 수 있다. 남자는 성적 결합을 통해 그녀를 이제 완전히 소유하게 된 것이다.

본 절의 하반절은 화자가 누구인지 불분명하다. 만일 화자가 남자라면, 남자는 5 : 1에 이어서 자신의 친구들에게 와서 먹고 마시라고 말하는 것인데, 이 경우 자신의 여자를 친구들과 함께 나눈다는 의미가 되므로 문맥에 맞지 않는다. 그게 아니라면 남자는 친구들에게 "너희도 나처럼 사랑을 즐겨라"며 권고하고 있는 것으로 이해하는 것은 가능하다. 그러나 둘만의 사랑의 밀어를 나누다가 남자가 갑작스럽게 자신의 친구들을 불러들여 이러한 말을 하는 것은 전후문맥과의 흐름을 단절시킨다.

반면에 '친구들'을 아가의 남녀 주인공으로 보면 이해가 훨씬 수월해진다. 이 경우 화자는 제 삼자가 되고, 아가 본문에서 굳이 이 제 삼자의 화자를 찾아내자면 예루살렘의 딸들이 가장 적절한 후보이다.

또 하나의 해석상의 문제점은 רֵעִים(레임, 친구들)과 דוֹדִים(도딤, 사랑하는 사람들)이 누구를 가리키는가 하는 것이다. 우선 רֵעִים(레임)과 דוֹדִים(도딤)을 다른 것으로 보는 방법이 있다. 복수형인 도딤은 아가와 또한 다른 구약성경에서 '사랑하는 사람들'이 아닌 '사랑' 또는 '사랑의 행위들'을 의미한다(아 1 : 2, 4 ; 4 : 10 ; 7 : 12 ; 겔 16 : 8 ; 23 : 17 ; 잠 7 : 18). 그렇다면 본 하반절은 다음과 같이 옮길 수 있다.

> 먹으라 친구들아
> 사랑에 취하도록 마시라

반면에 '친구들'과 '사랑하는 사람들'을 같은 대상을 지칭하는 것으로 볼 수도 있다. 복수로 사용된 דּוֹדִים(도딤)이 아가에서 '사랑의 행위들'을 주로 의미한다고 해서 이 단어가 단수처럼 '사랑하는 사람들'을 가리키지 못할 이유는 없다. 또한 히브리어 본문에서 도딤은 레임과 병행을 잘 이루고 있다.

결론적으로 본 하반절은 예루살렘의 딸들이 아가의 남녀 주인공들에게 둘의 사랑이 완전하게 이루어질 무렵에 등장하여 그들만의 아름다운 사랑을 마음껏 음미하고 즐기라고 권하는, 일종의 흥을 돋우는 말로 이해하는 것이 가장 무난한 해석일 것이다.

설교를 위한 묵상

고대로부터 여성의 몸은 항상 어느 정도 감추어져 있어서 신비로우면서도 남자를 끄는 매력이 있고, 또한 때로는 남자들을 위험에 빠뜨리기도 한다. 아가의 남자에게 있어서도 그가 사랑하는 여인은 비밀스런 존재이다. 그는 이 신비스런 여인을 잠겨 있는 동산이라고 부른다. 남자로서는 잠겨 있는 동산을 열고 들어가야만 그 동산의 기쁨을 누릴 수 있는 법이다. 여인도 마찬가지로 남자를 받아들이도록 잠긴 빗장을 풀어 문을 열어야 한다. 이를 "볼지어다 내가 문 밖에 서서 두드리노니 누구든지 내 음성을 듣고 문을 열면 내가 그에게로 들어가 그와 더불어 먹고 그는 나와 더불어 먹으리라"는 요한계시록 3 : 20의 말씀과 관련지어 생각해 볼 만하다. 주님께서 마음의 문을 두드리실 때 그 음성을 듣고, 문을 여는 것이 매우 중요하다. 그러한 자만이 주님과의 아름답고 신비로운 사랑의 교제 속으로 들어가게 되기 때문이다.

I. 사랑하는 남자의 아름다움(5 : 2 - 6 : 3)

(여자)
2내가 잘지라도 마음은 깨었는데
나의 사랑하는 자의 소리가 들리는구나
문을 두드려 이르기를
(남자)
나의 누이, 나의 사랑,
나의 비둘기, 나의 완전한 자야
문을 열어 다오
내 머리에는 이슬이,
내 머리털에는 밤이슬이 가득하였다 하는구나
(여자)
3내가 옷을 벗었으니 어찌 다시 입겠으며
내가 발을 씻었으니 어찌 다시 더럽히랴마는
4내 사랑하는 자가
문틈으로 손을 들이밀매
내 마음이 움직여서
5일어나 내 사랑하는 자를 위하여 문을 열 때
몰약이 내 손에서, 몰약의 즙이 내 손가락에서

문빗장에 떨어지는구나
6 내가 내 사랑하는 자를 위하여 문을 열었으나
그는 벌써 물러갔네
그가 말할 때에 내 혼이 나갔구나
내가 그를 찾아도 못 만났고
불러도 응답이 없었노라
7 성 안을 순찰하는 자들이 나를 만나매
나를 쳐서 상하게 하였고
성벽을 파수하는 자들이
나의 겉옷을 벗겨 가졌도다
8 예루살렘 딸들아
너희에게 내가 부탁한다
너희가 내 사랑하는 자를 만나거든
내가 사랑하므로 병이 났다고 하려무나
(예루살렘의 딸들)
9 여자들 가운데에 어여쁜 자야
너의 사랑하는 자가
남의 사랑하는 자보다 나은 것이 무엇인가
너의 사랑하는 자가
남의 사랑하는 자보다 나은 것이 무엇이기에
이같이 우리에게 부탁하는가
(여자)
10 내 사랑하는 자는 희고도 붉어
많은 사람 가운데에 뛰어나구나
11 머리는 순금 같고

머리털은 고불고불하고
까마귀같이 검구나
12 눈은 시냇가의 비둘기 같은데
우유로 씻은 듯하고
아름답게도 박혔구나
13 뺨은 향기로운 꽃밭 같고
향기로운 풀언덕과도 같고
입술은 백합화 같고
몰약의 즙이 뚝뚝 떨어지는구나
14 손은 황옥을 물린
황금 노리개 같고
몸은 아로새긴 상아에
청옥을 입힌 듯하구나
15 다리는 순금 받침에 세운
화반석 기둥 같고
생김새는 레바논 같으며
백향목처럼 보기 좋고
16 입은 심히 달콤하니
그 전체가 사랑스럽구나
예루살렘 딸들아
이는 내 사랑하는 자요
나의 친구로다
(예루살렘의 딸들)
1 여자들 가운데에서 어여쁜 자야
네 사랑하는 자가 어디로 갔는가

네 사랑하는 자가 어디로 돌아갔는가
우리가 너와 함께 찾으리라
(여자)
2내 사랑하는 자가
자기 동산으로 내려가
향기로운 꽃밭에 이르러서
동산 가운데에서 양 떼를 먹이며
백합화를 꺾는구나
3나는 내 사랑하는 자에게 속하였고
내 사랑하는 자는 내게 속하였으며
그가 백합화 가운데에서
그 양 떼를 먹이는도다

[5 : 2] "내가 잘지라도 마음은 깨었는데 나의 사랑하는 자의 소리가 들리는구나 문을 두드려 이르기를"

5 : 2 상반절은 서론에서 설명한 대로 아가를 꿈으로 보려는 해석의 근거가 되는 구절이다. 맥락을 벗어난 사건들, 시공간적인 흐름이 단절된 내용들이 본 단락에 한 데 엮여 있으므로, 여자가 현실이 아닌 꿈의 내용을 전달하고 있다는 것이다. 그러나 우리는 보고문이 아닌 시를 읽고 있다는 사실을 잊지 말아야 한다. 때로는 비현실적인 묘사와 표현들이 가능한 것이 시이다. 또한 본 단락에 있는 사건들이 반드시 꿈속에서만 일어날 수 있는 일들은 아니다. 여인이 과거에 경험한 사건들을 시공간의 흐름에 구애받지 않고 나열하고 있을 수도 있는 것이다.

5 : 2~7은 3 : 1~4과 상당한 내용상의 유사점들을 보인다. 남자를 찾으려고 하지만 찾지 못하는 상황, 성 안을 순찰하는 자들에게 붙잡힌 경험, 예루살렘의 딸들을 향한 간청 등이 두 부분에 공통적으로 나타난다.

"잘지라도 마음은 깨었는데"라는 표현은 과연 어떠한 상태를 말하는가? 잠을 자고 있다가 남자가 문을 두드리는 소리에 잠을 깬 것인가, 아니면 잠이 들 듯 말 듯한 상태를 의미하는가?

"나의 누이, 나의 사랑, 나의 비둘기, 나의 완전한 자야 문을 열어 다오 내 머리에는 이슬이, 내 머리털에는 밤이슬이 가득하였다 하는구나" 여자는 밖에서 문을 두드리는 남자의 목소리를 듣는다. 남자는 밤이슬에 머리가 젖은 상태로 어서 들어갈 수 있게 해 달라고 요청한다. 문을 열어 달라는 것은 물론 성적인 의미를 내포하는 것이다. 8 : 9에서도 아가의 여인은 문에 비유되고 있다. 그러므로 여인이 남자에게 문을 연다는 것은 그의 사랑을 받아들일 뿐 아니라 자신의 몸을 허락한다는 의미까지 담고 있는 것이다.

[5 : 3] "내가 옷을 벗었으니 어찌 다시 입겠으며 내가 발을 씻었으니 어찌 다시 더럽히랴마는"

집 안으로 들어가도록 허락해 달라는 남자의 요청에 여자는 이와 같이 응답한다. 이 말은 "내가 이미 몸을 씻고 잠자리에 들었는데 당신을 집 안으로 들이기 위해서 다시 일어나서 옷을 입고 내 발을 더럽혀야 하겠느냐"는 불평처럼 들린다. 그러나 여자가 옷을 벗고 있는 상황은 자연히 성적인 분위기를 자아낸다. 또한 발은 많은 경우에 성기에 대한 완곡한 표현으로 사용된다. 따라서 여기에서 여자는 불평이 아니라 속된 말로 한 번 튕겨보는 것으로 이해하는 것이 더 낫다. 이렇게 남자의 요구에 즉각 반응하지 않고 지체함으로써 긴장과 기대감을 더 고조시키는 것이다.

[5 : 4] "내 사랑하는 자가 문틈으로 손을 들이밀매 내 마음이 움직여서"

여자가 머뭇거리자 남자는 문틈으로 손을 들이밀어 강제로 문을 열려고 시도하고 있다. 이렇게 사랑에 적극적인 남자의 자세는 여인의 마음을 움직인다. 여기에서 '문틈'으로 번역된 단어 חֹר(호르)는 구멍을 의미한다. 발과 마찬가지로 손도 역시 남성의 성기를 완곡하게 가리킬 수 있는 단어이다. 만일 여기에서 구멍이 여성의 성기를 의미한다면 4절은 남녀의 성관계를 묘사하고 있는 것으로 볼 가능성이 있다.

그러나 이 해석의 문제점은 여인은 바로 다음의 5절까지 아직 남자에게 문을 열어 주지 않고 있는 상황이라는 점이다. 따라서 아직 둘의 성관계는 이루어질 수 없다는 것이다. 게다가 6절에서 여인이 문을 열었을 때 남자는 이미 떠나버린 상황이 전개된다. 물론 4절에 '손'이나 '구멍'과 같은 단어들이 의도적으로 성적 암시를 나타내기 위하여 사용되었을 가능성은 충분하지만, 그렇다고 이 구절이 묘사하고 있는 상황 자체가 남녀의 성관계라고 말하는 것은 별개의 문제이다.

[5 : 5] "일어나 내 사랑하는 자를 위하여 문을 열 때 몰약이 내 손에서, 몰약의 즙이 내 손가락에서 문빗장에 떨어지는구나"

남자의 간청에 여인이 드디어 몸을 움직여 문을 열어 준다. 본문의 내용으로는 남자가 문에 몰약을 발라 놓았던 것인지, 아니면 여자가 몰약을 가지고 문으로 다가간 것인지 분명하지가 않다. 여하튼 몰약이 풍기는 향기와 몰약이 흘러내리는 심상은 이 장면의 에로틱한 분위기를 한층 고조시켜 준다.

[5 : 6] "내가 내 사랑하는 자를 위하여 문을 열었으나 그는 벌써 물러갔네 그가 말할 때에 내 혼이 나갔구나 내가 그를 찾아도 못 만났고 불러도 응답이 없었노라"

여인이 남자를 받아들이기 위하여 문을 열었으나 남자는 이미 사라지고 없다. 아마도 여인이 지나치게 오랜 시간 동안 머뭇거려서 남자가 기다리다 지쳐 가버렸을지도 모르겠다. '혼이 떠나간다'는 표현은 창세기 35 : 18에서 사람이 죽는 것을 나타내기도 한다. 그렇다면 여기서 "내 혼이 나갔구나"라는 표현은 남자가 떠난 것을 발견한 이후에 거의 실신할 만큼 절망스런 상황임을 말하는 것일 수도 있다.

본 단락은 3 : 1~5과 비슷한 주제가 등장한다. 사랑하는 자를 찾으려고 해도 찾지 못한다는 내용에 바로 뒤이어서 여자가 남자를 찾아 헤매다가 성 안을 순찰하는 자들과 마주치게 되는 내용이 두 단락에 공통으로 나타난다.

[5 : 7] "성 안을 순찰하는 자들이 나를 만나매 나를 쳐서 상하게 하였고 성벽을 파수하는 자들이 나의 겉옷을 벗겨 가졌도다"

앞 절들에서는 구체적으로 언급되어 있지 않지만 아마도 여인은 남자를 찾아 거리를 헤맨 듯하다. 앞서 3장에서와 마찬가지로 여인은 성 안을 순찰하는 자들을 만나는데 여인은 이들에게 폭행을 당하고 상처를 입게 된다. 또한 몸을 감싸고 있던 겉옷마저도 빼앗기고 만다. 이렇게 여인의 옷을 강제로 빼앗는 짓은 여인에게 상당한 수치와 모멸감을 안겨 주는 행위이다.

남녀의 아름다운 사랑을 묘사하는 장면에 이러한 폭력적인 내용이 갑작스럽게 등장하는 것은 설명하기가 쉽지 않다. 사랑이 무르익는 현장에도 이렇게 위험한 요소들이 항상 존재함을 경고하는 의미일 수도 있고, 아니면 사랑 그 자체의 위험성을 알리기 위함일 수도 있다. 또한 그러한 위험에도 불구하고 연인을 찾아 나서는 아가의 연인들의 사랑의 애틋함을 강조하기 위한 시적 주제일 수도 있다.

[5 : 8] "예루살렘 딸들아 너희에게 내가 부탁한다 너희가 내 사랑하는 자를 만나거든 내가 사랑하므로 병이 났다고 하려무나"

이번에도 갑작스런 내용의 전환이 일어난다. 여인은 자신이 성 안을 순찰하는 자들에게 폭행을 당한 이야기를 하다가 갑자기 예루살렘 딸들에게 자신의 애타는 사랑을 전해 달라고 맹세를 요구한다. 개역성경에는 번역되어 있지 않지만 히브리어로는 "너희가 내 사랑하는 자를 만나거든" 뒤에 תַּגִּידוּ לוֹ מַה־(마 타기두 로)라는 문장이 있다. 문자 그대로는 "그에게 무엇을 말하겠느냐"라는 의문문이다. 그러나 팍스는 여기서 의문사 מַה(마)를 부정의 의미를 전달하는 것으로 보아 "그에게 말하지 말아라"로 번역한다(Michael V. Fox, *The Song of Songs and the Ancient Egyptian Love Songs*, 1985, p. 146). 즉, 자신이 사랑에 미쳐 남자를 찾아 밤길을 헤매다가 순찰자들에게 해를 입었다는 사실이 부끄러워 이를 알리지 말라는 의미로 이해하는 것이다. 그러나 이러한 해석은 문법적으로 그리고 내용적으로도 받아들이기 어렵다. 오히려 본 절의 하반절은 아래와 같이 옮길 수 있다.

> 너희가 내 사랑하는 자를 만나거든
> 그에게 무엇을 말해야 하겠느냐
> 내가 사랑 때문에 아프다고 말하거라

[5 : 9] "여자들 가운데에 어여쁜 자야 너의 사랑하는 자가 남의 사랑하는 자보다 나은 것이 무엇인가 너의 사랑하는 자가 남의 사랑하는 자보다 나은 것이 무엇이기에 이같이 우리에게 부탁하는가"

예루살렘의 딸들이 여자의 간청에 응답한다. 예루살렘의 딸들은 도대체 이 남자가 다른 남자들과 비교해서 어디가 그렇게 좋기에 우리에게 이토록 간절히 도움을 요청하느냐고 묻는다. 이 구절은 바로 뒤에 이어지는 남자의 외모에 대한 찬양들(5 : 10－16)이 자연스럽게 이어지도록 연결해 주는 기능을 한다.

[5 : 10] "내 사랑하는 자는 희고도 붉어 많은 사람 가운데에 뛰어나구나"

예루살렘 딸들의 질문에 여인은 자랑스럽게 자신의 남자의 외모에 대한 칭찬을 늘어놓기 시작한다. '희다'로 번역된 단어 צַח(차흐)는 피부가 백인처럼 흰 것을 의미하기보다는 밝고 빛나는 피부를 가리킨다. 이 단어는 또한 예레미야애가 4 : 7에서 건강한 피부를 나타내기 위하여 사용되었다.

‘뛰어나구나’로 옮긴 דָּגוּל(다굴)은 의미가 정확하지가 않다(이 단어의 어근에 대한 더 자세한 논의는 2 : 4의 해설을 참고하면 된다). 이 단어가 아카드어 다갈루(dagālu, 보다)와 관련된 것으로 본다면 포프가 주장하듯이 ‘눈에 띄는’(conspicuous)의 의미로 이해할 수 있다(Marvin Pope, *Song of Songs : A New Translation with Introduction and Commentary*, 1977, p. 532). 한편 וּל
דָּג(다굴)은 גָּדוֹל(가돌)에서 자음치환이 일어난 결과일 가능성도 배제할 수 없다. 이 경우 여인은 자신의 남자가 수많은 다른 남자들보다 더 중요한 사람임을 강조하는 것으로 이해할 수 있다.

[5 : 11] “머리는 순금 같고 머리털은 고불고불하고 까마귀같이 검구나”

‘순금 같고’는 히브리어 כֶּתֶם פָּז(케템 파즈)의 번역인데, 두 단어 모두 순금을 가리키는 낱말들이다. 문법적으로 두 단어가 병치된 것일 수도 있고, 연계형 구문으로 볼 수도 있다. 어느 경우이든 순금임을 강조하는 표현으로 이해하면 된다. 다니엘 2장을 보면 느부갓네살의 꿈에 등장한 신상의 머리가 순금으로 되어 있었다.

‘고불고불하고’로 옮긴 תַּלְתַּלִּים(탈탈림)도 의미가 불분명하다. 이 단어가 미쉬나 히브리어에서 ‘곱슬곱슬하다’를 의미하기 때문에 이렇게 번역한 듯하다. 그러나 미쉬나 히브리어는 상당히 후대의 것이기 때문에 이를 근거로 성경의 단어의 뜻을 유추하는 것은 적절하지 않을 때가 많다. 오히려 아카드어 taltall, 그리고 아랍어 taltalat을 근거로 보면 תַּלְתַּלִּים(탈탈림)은 대추야자 나무의 무성한 잎을 가리키는 것일 가능성이 높다. 그렇다면 여자는 여기서 자신의 남자의 머리털이 대추야자 나뭇잎처럼 무성하여 숱이 많고 까마귀처럼 검은 것을 자랑삼아 말하고 있는 것이다.

[5 : 12] “눈은 시냇가의 비둘기 같은데 우유로 씻은 듯하고 아름답게도 박혔구나”

1 : 15과 4 : 1에서도 여인의 눈은 비둘기에 비유되었다. 여기에서는 남자의 눈이 시냇가의 비둘기와 같다고 묘사되고 있다. 그런데 일부 주석가들은 "우유로 씻은 듯하고 아름답게도 박혔구나"라는 문장 앞에 히브리어 שִׁנָּיו(쉬나우, 그의 이들)를 삽입하여 읽기를 원한다(Alberto Vaccari, "Note critiche ed esegetiche," 1947, pp. 399 – 401). 즉, 이 부분의 묘사는 눈에 대한 것이 아니라 그의 이빨들에 대한 것으로 이해하는 것이다. 그러나 이렇게 שִׁנָּיו(쉬나우)를 추가하는 것을 정당화할 만한 역본들이나 사본들의 증거가 없는 것이 문제이다. 그러므로 12절의 하반절도 역시 남자의 눈을 묘사하는 것으로 이해하는 것이 더 낫다.

비둘기가 우유에 목욕을 한다는 말은 그만큼 남자의 눈의 흰자위가 하얗다는 것을 강조하는 표현이다. "아름답게도 박혔구나"라는 번역은 지나친 의역이다. 이 문장은 사실 직역하면 "가득 참 위에 앉았다"는 말이다. 다시 말해서 물이 가득 찬 못 근처에 앉아 있다는 것이다. 이 표현이 상징하는 바가 무엇인지는 정확하게 알 수 없다. 눈에 눈물이 촉촉하게 고여 있는 모습을 나타내는 것일까?

[5 : 13] "뺨은 향기로운 꽃밭 같고 향기로운 풀언덕과도 같고 입술은 백합화 같고 몰약의 즙이 뚝뚝 떨어지는구나"

'향기로운 풀언덕'은 히브리어 성경에는 '향수의 망대들'로 기록되어 있다. 즉, 그의 뺨은 향수로 가득 찬 망대처럼 향이 넘친다는 것이다. 그러나 많은 주석가들은 '망대들'(מִגְדָּלוֹת 믹델로트)을 '크게 하는', '내는'(מְגַדְּלוֹת 므가델로트)으로 읽기를 원한다. 이렇게 읽으면 '향수를 뿜어내는'으로 옮길 수 있다. 어느 읽기가 더 옳은지는 결정하기 매우 어려운 문제이다. 다만 하반절과의 시적 병행을 고려한다면 후자의 읽기가 더 낫다고 볼 수 있다.

여자는 자신의 남자의 입술이 몰약을 뚝뚝 떨어뜨리는 백합이라고 말한다. 아가의 다른 곳에서 백합화는 여자와 관련되어 나타난다(2 : 1 – 2, 16 ;

4 : 5 ; 6 : 2-3 ; 7 : 2). 남자의 입술의 모양이나 색깔이 백합화의 것과 비슷하기 때문에 이러한 비유를 사용하는 것일지도 모른다.

[5 : 14] "손은 황옥을 물린 황금 노리개 같고 몸은 아로새긴 상아에 청옥을 입힌 듯하구나"

남자의 머리와 얼굴에 대한 묘사가 끝나고 이제는 몸통과 팔, 다리에 대한 묘사가 이어진다. 14~15절의 묘사를 보면 마치 조각상을 보면서 말하고 있는 듯한 느낌을 준다. 황옥으로 옮긴 תַּרְשִׁישׁ(타르쉬쉬)가 정확히 어떠한 보석인지는 알 수 없다. 그것이 무엇이든지 간에 손에 물려 있는 이 보석은 아마도 손톱을 가리키는 것 같다.

몸이 상아에 비유되는 이유는 몸의 색이 상아처럼 밝고 피부가 매끈하기 때문이다. 그러나 청옥이 등장하는 것은 설명하기가 쉽지 않다. 어떤 이들은 피부 아래의 푸른 혈관이나 문신을 가리키는 것이라고 생각하기도 한다. 그러나 아마도 청옥은 신체의 일부의 색과 관련되어 사용된 것이라기보다는 남자의 몸이 청옥처럼 존귀하다는 사실을 나타내려는 의도로 언급된 것 같다.

[5 : 15] "다리는 순금 받침에 세운 화반석 기둥 같고 생김새는 레바논 같으며 백향목처럼 보기 좋고"

여인의 시선은 남자의 몸을 위에서 아래로 훑어 내려가고 있다. 남자의 다리가 "순금 받침에 세운 화반석 기둥" 같다는 말은 그의 다리가 그만큼 튼튼하고 아름다움을 강조하는 표현이다.

남자는 4 : 11에서 여인의 향기를 레바논의 향기에 비유한 적이 있다. 레바논의 유명한 백향목의 향기를 연상시키는 표현이었다. 여기에서는 여인이 남자의 생김새를 레바논과 비교하고 있다. 위로 시원스럽게 쭉쭉 뻗은 백향목처럼 남자가 키가 크고 멋지다는 것이다.

[5 : 16] "입은 심히 달콤하니 그 전체가 사랑스럽구나 예루살렘 딸들아 이는 내 사랑하는 자요 나의 친구로다"

앞서 13절에서 여인은 남자의 입술을 칭찬했다. 남자의 신체를 위로부터 아래까지 찬양한 이후에 여인은 다시 남자의 입으로 되돌아 간다. 그의 입이 달콤하다는 표현은 자연히 남녀 간의 키스를 연상시킨다. 여인은 이렇게 남자의 신체의 각 부분을 묘사하는 내용을 "그(의 몸) 전체가 사랑스럽구나"라는 문장으로 마무리하고 있다.

여인은 남자의 신체에 대한 묘사가 시작되는 부분인 10절을 '내 사랑하는 자'라는 호칭으로 시작하였다. 그리고 이 부분의 마지막에 와서 이 호칭을 다시금 사용한다. 여인은 예루살렘 딸들에게 말한다. 이렇게 아름답고 존귀한 자가 바로 내 사랑하는 자라는 것이다. 이 말에서 우리는 여인이 자신의 남자에 대하여 얼마나 자랑스러워하는지를 느낄 수 있다.

[6 : 1] "여자들 가운데에서 어여쁜 자야 네 사랑하는 자가 어디로 갔는가 네 사랑하는 자가 어디로 돌아갔는가 우리가 너와 함께 찾으리라"

본 절은 5 : 9과 구조가 매우 유사하다. 5 : 9에서 예루살렘 딸들이 여자에게 제기한 질문에 여자는 위와 같이 남자의 아름다움을 자랑함으로 응답했다. 그 응답을 들은 예루살렘의 딸들은 그렇게 멋지고 소중한 남자라면 여자로 하여금 그를 찾을 수 있도록 도와줄 용의가 있다고 대답하고 있다.

[6 : 2] "내 사랑하는 자가 자기 동산으로 내려가 향기로운 꽃밭에 이르러서 동산 가운데에서 양 떼를 먹이며 백합화를 꺾는구나"

예루살렘 딸들이 도와주겠다고 나서자 여인은 남자가 간 곳이 어디인지를 알려준다. 사실 논리적으로 보면 이러한 상황은 맞지가 않다. 여인이 남자를 찾기 위해서 예루살렘 딸들의 도움을 청했던 것인데 본 절에 의하면 여인은 남자가 어디에 있는지 이미 알고 있는 것이다. 그러나 사랑하는 연인을 찾아나서는 주제는 앞에서도 반복되어 나타난 적이 있다(1 : 7-8 ; 3 : 1-5). 이러한 시적 장치들을 논리적 흐름에 맞추어서 옳고 그름을 논하는 것은 시를 읽는 방법으로 적합하지 않다.

남자가 내려가 있는 동산은 다름 아닌 여자 자신이다. 5 : 1을 보면 이 사실이 더 분명해진다. 그러므로 남자와 여자는 사실 서로 뗄 수 없을 만큼 긴밀하게 결합되어 있는 관계이다.

[6 : 3] "나는 내 사랑하는 자에게 속하였고 내 사랑하는 자는 내게 속하였으며 그가 백합화 가운데에서 그 양 떼를 먹이는도다"

상반절은 서로간의 사랑에 대한 확신의 선언이다. 비록 순서는 다르지만 2 : 16에서도 이와 같은 내용이 언급되었다. 5 : 2부터 6 : 3까지의 단락은 남자와 여자가 육체적으로 서로 만나지 못한 안타까운 상황으로 시작하였지만, 마지막에는 사실은 서로가 서로 안에 있었음을 확인하는 놀라운 사랑의 선포로 끝을 맺고 있는 것이다.

설교를 위한 묵상

고대로부터 알레고리적 해석을 취하는 여러 주석가들은 5 : 2의 잠을 잔다는 표현을 영적인 잠과 연결하여 결국 이스라엘의 죄를 의미하는 것으로 해석하였다. 이러한 맥락에서 키루스의 테오도렛은 본 절의 마음은 깨어 있다는 말을 바탕으로 우리도 갑작스럽게 오실 예수 그리스도를 영적으로 깨어서 기다려야 한다고 강조한다(Richard A. Norris Jr., *The Song of Songs : Interpreted by Early Christian and Medieval Commentators*, 2003, pp. 196-197). 크리소스톰은 이 구절을 자신의 삶에 적용시켜 잠이 자신의 눈꺼풀을 짓누를 때라도 주님의 사랑의 힘이 자신의 영혼의 눈에서 잠을 내어 쫓게 한다고 고백한다(J. Robert Wright, ed., *Proverbs, Ecclesiastes, Song of Solomon*, 2005, pp. 344-345). 이렇듯 본 단락의 잠과 깨어 있음의 주제는 쉽게 영적인 의미로 적용이 가능하여 우리의 신앙적인 측면을 돌아볼 수 있게 도와준다.

한편, 5 : 7에서 여인은 자신이 사랑하는 남자를 찾아나서 거리를 헤매다가 성을 순찰하는 자들을 만나 폭행을 당하고 겉옷을 빼앗긴다. 이는 어떠한 위험도 아가의 연인들의 사랑을 가로막을 수 없음을 노래하는 것이겠지만, 한편으로는 우리에게 사랑이라는 것이 지니고 있는 위험성을 알려 주기도 한다. 삐뚤어진 성과 사랑은 때로는 매우 강압적으로 표출되기도 한다. 그 결과는 성폭력, 강제적 임신, 낙태 등 개인적으로 뿐만 아니라 사회적으로도 심각한 문제들을 야기하게 된다. 우리 기독교인들은 아가를 통하여 참된 성과 사랑의 의미를 깨달아야 하고, 또한 교회적으로도 우리 사회에 만연하고 있는 이러한 성적 일탈로 인한 문제들에 적극적으로 대처할 필요가 있다.

J. 여인의 아름다움에 대한 찬양(6 : 4－12)

(남자)

4내 사랑아
너는 디르사같이 어여쁘고,
예루살렘같이 곱고,
깃발을 세운 군대같이 당당하구나
5네 눈이 나를 놀라게 하니
돌이켜 나를 보지 말라
네 머리털은 길르앗 산 기슭에 누운
염소 떼 같고
6네 이는 목욕하고 나오는 암양 떼 같으니

쌍태를 가졌으며
새끼 없는 것은 하나도 없구나
7 너울 속의 네 뺨은
석류 한 쪽 같구나
8 왕비가 육십 명이요
후궁이 팔십 명이요
시녀가 무수하되
9 내 비둘기,
내 완전한 자는 하나뿐이로구나
그는 그의 어머니의 외딸이요
그 낳은 자가 귀중하게 여기는 자로구나
여자들이 그를 보고 복된 자라 하고
왕비와 후궁들도 그를 칭찬하는구나
10 아침 빛같이 뚜렷하고
달같이 아름답고 해같이 맑고
깃발을 세운 군대같이
당당한 여자가 누구인가
(여자)
11 골짜기의 푸른 초목을 보려고
포도나무가 순이 났는가
석류나무가 꽃이 피었는가 알려고
내가 호도 동산으로 내려갔을 때에
12 부지중에 내 마음이 나를 내 귀한 백성의
수레 가운데에 이르게 하였구나

[6 : 4] "내 사랑아 너는 디르사같이 어여쁘고, 예루살렘같이 곱고, 깃발을 세운 군대같이 당당하구나"

바로 앞 단락(5 : 2－6 : 3)에서 여자는 남자를 애타게 찾아다녔는데 본 단락에서 결국 남자가 다시 등장한다. 남자는 등장하자마자 여인의 아름다움을 찬양한다. 특히 남자는 여자를 영광스러운 두 도시 디르사와 예루살렘에 비유하고 있다. 예루살렘 또는 시온의 아름다움과 영광에 대한 찬양은 구약성경 여러 곳에서 찾아볼 수 있다. 예를 들어 시편 50 : 2은 다음과 같이 노래한다. "온전히 아름다운 시온에서 하나님이 빛을 비추셨도다" 또한 예레미야애가 2 : 15을 통하여 우리는 예루살렘 성이 사람들에게 온전한 영광이요 모든 세상 사람들의 기쁨이라고 불렸다는 사실을 알 수 있다.

디르사는 오므리가 사마리아로 수도를 옮길 때까지 북왕국 이스라엘의 수도였던 도시이다. 그러나 서문에서 언급했듯이 디르사가 아가에 등장한다는 사실을 근거로 아가의 연대를 솔로몬 시대로 보려는 것은 무리한 시도이다. 디르사가 본 절에 등장하는 이유는 예루살렘과 쌍벽을 이루는 북쪽의 수도였다는 사실 이외에도 히브리어로 '기쁨'을 나타내는 어근 רצה(라차)와 관련되어 있기 때문일 것이다. 실제로 다른 고대의 역본들은 디르사를 지명이 아니라 '기쁨'으로 이해하고 있다. 그러나 이 단어가 예루살렘과 시적 병행을 이루고 있으므로 일반명사가 아닌 고유명사일 가능성이 더 높다.

"깃발을 세운 군대같이 당당하구나"는 히브리어 אֲיֻמָּה כַּנִּדְגָּלוֹת(아윰마 칸니드갈로트)를 우리말로 옮긴 것이다. 형용사 אֲיֻמָּה(아윰마)는 하박국 1 : 7에서 두려운 갈데아인들의 위엄을 나타내는 데에 사용되었다. נִדְגָּלוֹת(니드갈로트)는 '깃발'을 의미하는 דֶּגֶל(데겔)과 관련이 있는 것으로 생각되곤 하므로 개역성경과 같은 번역이 가능하다. 그러나 여자를 묘사하는 내용에서 갑작스럽게 깃발을 가진 군대의 이미지가 등장하는 것은 문맥의 흐름을 고려하면 다소 생소하게 느껴진다. 그러므로 또 다른 가능성을 생각해 보아야 하는데, 2 : 4에서처럼 נִדְגָּלוֹת(니드갈로트)를 아카드어 다갈루(dagālu, 보다)와 연관된 것으로 보아서 '눈에 띄는', '뛰어난' 정도의 의미로 이해할 수가 있다. 그렇다면 본 절의 히브리어 문구는 "가장 뛰어난 자만큼 경이로운" 정도로 옮겨 볼 수 있다. 아마도 개역성경의 것보다는 후자가 본 절의 의미에 더 어울리는 번역일 것이다.

[6 : 5] "네 눈이 나를 놀라게 하니 돌이켜 나를 보지 말라 네 머리털은 길르앗 산 기슭에 누운 염소 떼 같고"

남자는 4 : 9에서 여자의 눈길 하나만으로 자신의 마음이 빼앗겨 버렸다고 고백한 적이 있다. 아름다운 여인의 눈길은 남자를 압도하고도 남는다. 남자가 여자에게 자신에게서 눈을 돌려 달라고 말하는 이유는 자신에게서 떠나 달라는 의미가 아니고, 이토록 아름다운 자신의 여인의 치명적인 매력을 강조하기 위한 표현이다.

[6 : 6] "네 이는 목욕하고 나오는 암양 떼 같으니 쌍태를 가졌으며 새끼 없는 것은 하나도 없구나"

[6 : 7] "너울 속의 네 뺨은 석류 한 쪽 같구나"

6 : 5 하반절부터 7절까지는 4 : 1 하반절부터 3절까지와 거의 동일하다. 이 부분의 해설은 4 : 1 이하의 주석을 참고하면 되겠다.

[6 : 8] "왕비가 육십 명이요 후궁이 팔십 명이요 시녀가 무수하되"

왕비가 육십 명이라는 것은 앞서 3장에서 솔로몬의 가마를 호위하는 군사들이 육십 명이었던 사실을 연상하게끔 한다. 남자는 자신에게 왕비가 육십, 후궁이 팔십, 그리고 수많은 시녀들이 있었다고 말한다. 여기에서 '시녀'로 번역된 단어는 사실 젊은 여인들을 가리킨다. 따라서 히브리어 표현만으로 보아서는 이 무수한 여자들이 왕궁의 하렘에 속한 여인들이었는지 분명히 알 수 없다.

물론 왕비가 700명의 왕비와 300명의 첩을 거느렸던 것으로 알려진 솔로몬에 비할 바는 아니지만(왕상 11 : 3), 본 절은 아가의 남자가 왕처럼 존귀한 사람임을 나타내 준다.

[6 : 9] "내 비둘기, 내 완전한 자는 하나뿐이로구나 그는 그의 어머니의 외딸이요 그 낳은 자가 귀중하게 여기는 자로구나 여자들이 그를 보고 복된 자라 하고 왕비와 후궁들도 그를 칭찬하는구나"

개역성경의 번역은 본 절 서두의 의미를 제대로 전달하지 못하고 있다. 이 부분을 정확히 옮겨 보면 다음과 같다.

> 유일한 그녀
> 나의 비둘기, 나의 완전한 자

아가의 남자에게는 무수한 여인들이 있지만 그 중 이 여인만이 자신의 전부라는 의미이다.

"그의 어머니의 외딸"이라는 것도 본 절이 강조하는 바가 아니다. 본 절이 말하는 바는 그녀가 '외딸'이라는 사실이 아니고, 그의 어머니에게 있어서도 마찬가지로 유일한 소중한 존재라는 것이다.

'여자들'은 히브리어로는 사실 '딸들'(בָּנוֹת)로 되어 있다. 하지만 그렇다고 해서 이를 '예루살렘 딸들'로 볼 필요는 없다. 오히려 8절의 '시녀들'로 보는 것이 더 옳다. 이는 본 절 말미에 왕비와 후궁이 나온다는 사실로도 알 수 있다.

[6 : 10] "아침 빛같이 뚜렷하고 달같이 아름답고 해같이 맑고 깃발을 세운 군대같이 당당한 여자가 누구인가"

본 절은 히브리어로는 "그녀는 누구인가"라는 문구로 시작한다. 3 : 6과 8 : 5에도 사용되는 이러한 의문문은 사람들의 주의를 집중하게 만드는 효과가 있다. 사랑하는 여인의 빛나는 얼굴은 다른 여자들과의 비교의 차원을 넘어서서 이제는 태양과 달과 빛과 비교의 대상이 되고 있다.

"깃발을 세운 군대같이 당당한"이라는 표현에 대해서는 6 : 4의 설명을 참고하면 되겠다.

[6 : 11] "골짜기의 푸른 초목을 보려고 포도나무가 순이 났는가 석류나무가 꽃이 피었는가 알려고 내가 호도 동산으로 내려갔을 때에"

6 : 11~12은 매우 어려운 부분이다. 특히 12절의 경우 히브리어 본문이 전승과정 중에 많이 손상되어서 원문을 복원하기 힘들게 되었기 때문에 정확한 번역이 불가능하다. 그 의미가 정확하지 않은 만큼 이 부분의 화자가 누구인지도 불분명하다. 학자들의 견해도 양분되어 있다. 그럼에도 불구하고 11~12절의 화자를 여자로 볼 수 있는 근거들이 있다. 우선 13절에서 예루살렘의 딸들이 여자에게 돌아오라고 외치고 있다. 문맥의 흐름상 여자가 호도 동산에 내려간 것을 보고 그녀에게 다시 돌아오라고 외치고 있는 것으로 보인다. 또한 "포도나무가 순이 났는가 석류나무가 꽃이 피었는가" 하는 표현은 7 : 12(히브리어 13절)에도 등장하는데 이 부분은 분명 여자의 말이다.

여자는 호도 동산에 내려간다. 포프는 호도를 남녀의 성기와 관련지어 설명한다(Marvin Pope, *Song of Songs : A New Translation with Introduction and Commentary*, 1977, pp. 574－79). 그렇다면 호도 동산에 내려간다는 표현은 이성의 몸과 결합함을 의미할 수 있다. 포도나무가 순이 나고 석류나무가 꽃이 피는 것도 이렇게 사랑의 때가 무르익음을 암시하는 것으로 볼 수도 있을 것이다.

[6 : 12] "부지중에 내 마음이 나를 내 귀한 백성의 수레 가운데에 이르게 하였

구나"

본 절의 히브리어 본문은 전승과정 중에 상당부분 손상되었다. 고대 역본들도 마찬가지로 이미 손상된 히브리어 본문을 가지고 있었던 것으로 보이며, 따라서 본문 재구성에 도움이 되지 않는다. 다만 현재 우리가 가지고 있는 본문으로 나름대로 번역을 해 본다면 다음과 같다.

> 나는 알지 못하였도다
> 당신이 나를 귀족과 함께 마차에 타게 했다는 것을

만일 이러한 번역이 옳다면 이 문장에서 여자는 남자의 칭찬에 화답하고 있는 것일 가능성이 크다. 자신을 귀족처럼 존귀한 사람으로 대해 주었다는 사실에 대하여 감사와 놀라움의 마음을 전하고 있는 것이다.

설교를 위한 묵상

아가의 내용이 사랑 노래라고 해서 아가에 성적 묘사만 가득한 것이 아니다. 아가가 사랑에 대하여 우리에게 가르쳐 주는 것은 오히려 사랑은 단순한 육체적 접촉만이 아닌 상대를 높이고 존중하는 자세, 상대에 대한 배려, 상호 간의 신뢰와 소속감 등 여러 요소들을 포함하고 있다는 것이다. 지난 세월 동안 교회는 아가의 성적 묘사들에 당황해 왔고, 대신에 이를 알레고리로 이해하는 데에서 안도감을 찾아왔다. 그러는 중에 인간의 가장 원초적인 부분인 남녀 간의 사랑에 대한 가르침은 교회에서 거의 찾아볼 수 없게 되었다. 우리 시대의 교회는 아가를 사랑에 대한 가르침을 주는 책으로 이해하고 그 의미를 다시금 연구하고 적용할 필요가 있다. 기독교인들이 참된 사랑의 의미를 이해하고, 그 사랑을 바탕으로 올바른 가정 문화를 세워나갈 때 이 세상도 더욱 건전하고 아름다운 모습으로 변화될 수 있을 것이다.

K. 여인의 아름다운 외모에 대한 묘사(6 : 13－7 : 6)

(예루살렘의 딸들)
13돌아오고 돌아오라
술람미 여자야
돌아오고 돌아오라
우리가 너를 보게 하라
(남자)
너희가 어찌하여 마하나임에서
춤추는 것을 보는 것처럼
술람미 여자를 보려느냐
(남자)
1귀한 자의 딸아
신을 신은 네 발이 어찌 그리 아름다운가
네 넓적다리는 둥글어서
숙련공의 손이 만든 구슬 꿰미 같구나
2배꼽은 섞은 포도주를
가득히 부은 둥근 잔 같고
허리는 백합화로 두른 밀단 같구나
3두 유방은 암사슴의 쌍태 새끼 같고
4목은 상아 망대 같구나
눈은 헤스본 바드랍빔 문 곁에 있는 연못 같고
코는 다메섹을 향한 레바논 망대 같구나
5머리는 갈멜 산 같고
드리운 머리털은 자주 빛이 있으니

왕이 그 머리카락에 매이었구나
6사랑아
네가 어찌 그리 아름다운지,
어찌 그리 화창한지 즐겁게 하는구나

[6 : 13] "돌아오고 돌아오라 술람미 여자야 돌아오고 돌아오라 우리가 너를 보게 하라 너희가 어찌하여 마하나임에서 춤추는 것을 보는 것처럼 술람미 여자를 보려느냐"

히브리어 성경에는 본 절이 7장 1절로 되어 있다. 7장 전체가 한 절씩 당겨져서 개역성경 7 : 13은 히브리어 성경 14절에 해당하도록 배열되어 있다.

본 절에는 돌아오라는 명령이 네 번이나 반복되고 있다. 앞 단락과 연결지어 본다면 이 명령은 호도 동산에 내려간 여자에게 다시 돌아오라는 요청으로 이해할 수 있다. 이러한 요청을 하는 자들은 아마도 예루살렘의 딸들일 것이다.

술람미는 이름이 아니고 아가의 여인을 부르는 일종의 별칭일 것이다. 히브리어 표현으로 보면 정관사가 붙어 있다. 이 술람미라는 명칭에 대하여는 다양한 설명들이 있다. (1) 메소포타미아의 사랑과 전쟁의 여신인 슐마니투와 관련이 있다는 학설이다(W. F. Albright, *Yahweh and the Gods of Canaan : A Historical Analysis of Two Contrasting Faiths*, 1968, p. 150). (2) 수넴이라는 지역 출신의 사람을 가리킨다는 설명이다(삼상 28 : 4). 그러나 아가의 여인은 수넴이 아니라 예루살렘에 살고 있다. (3) 술람미는 솔로몬이라는 이름의 여성형 명칭이라는 주장이다. 아가의 남자가 솔로몬으로 불린 것처럼 아가의 여인은 여성형인 술람미로 불린다는 것이다. 그러나 히브리어에서 솔로몬에는 정관사가 없지만, 술람미에는 정관사가 붙어 있다는 것이 이 주장의 문제이다. (4) 히브리어로 '완전함', '평화'를 의미하는 어근과 관련이 있다는 주장이다(예를 들어 히브리어 '샬롬'). 따라서 술람미는 '완전한 자', '흠이 없는 자'를 가리킨다는 것이다(Michael V. Fox, *The Song of Songs and the Ancient Egyptian Love Songs*, 1985, pp. 157－158). (5) 예루살렘은 시편 76 : 2에서 살렘으로 불리기도 하는데, 그렇다면 술람미는 '예루살렘 사람'을 의미할 수도 있다(J. Cheryl Exum, *Song of Songs : A Commentary*, 2005, p. 228).

마하나임은 길르앗에 있는 마을의 이름으로 야곱이 천사를 만났던 장소이다. 그러나 마하나임을 고유명사로 보지 않고 일반명사로 본다면 '두주둔지', '막사'의 의미가 된다. 이렇게 본다면 본 절 하반절의 의미는 술람미 여인을 보는 것은 마치 군대 주둔지에서 벌어지는 승전을 축하하는 춤의 향연을 보는 것처럼 아름답고 황홀한 경험임을 강조하는 표현으로 이해할 수 있다.

[7 : 1] "귀한 자의 딸아 신을 신은 네 발이 어찌 그리 아름다운가 네 넓적다리는 둥글어서 숙련공의 손이 만든 구슬 꿰미 같구나"

'귀한 자의 딸아'는 히브리어 **בַּת־נָדִיב**(바트 나딥)을 직역한 것인데, 사실 이 단어가 강조하는 의미는 '귀한 자의 딸아'라기보다는 '귀한 딸아'이다. 여자가 남자를 왕처럼 존귀하게 여겼듯이 남자도 여자를 존귀한 사람으로 여기는 것이다.

넓적다리가 둥글다는 표현은 무엇을 말하는가? 허벅지를 가리켜 둥글다는 말을 쓰는 것은 적절하지 않다. 이 부분이 전달하고자 하는 의미는 여자의 넓적다리의 굴곡이 숙련공이 정교하게 다듬은 보석의 둥근 부분처럼 아름답고 매끈하다는 것이다.

[7 : 2] "배꼽은 섞은 포도주를 가득히 부은 둥근 잔 같고 허리는 백합화로 두른 밀단 같구나"

상반절의 번역도 다음과 같이 수정할 필요가 있다.

당신의 배꼽은 둥근 그릇
이 그릇에는 섞은 포도주가 부족하지 않을 것이로다

히브리어 שֹׁר(쇼르)는 에스겔 16 : 4에서 분명히 배꼽을 의미한다. 그러나 어떤 주석가들은 이 단어를 여성의 외음부를 나타내는 아랍어 sirr와 관련이 있는 것으로 본다(Marvin Pope, *Song of Songs : A New Translation with Introduction and Commentary*, 1977, pp. 617 – 618). 만일 그렇다면 본 절의 상반절은 포도주가 마르지 않은 것처럼 젖은 여성의 음부를 가리키는 것일 수도 있다. 섞은 포도주는 포도주에 각종 향신료를 섞어 만든 것을 말한다.

히브리어 בֶּטֶן(베텐)은 허리보다는 배 또는 하복부를 가리킨다. 배가 '백합화로 두른 밀단'이라는 말은 여자의 배가 불룩하다는 의미가 아니다. 만일 백합화로 두른 밀단이 성적인 의미를 담은 표현이라면 여성의 음부의 음모를 가리키는 것일지도 모른다.

[7 : 3] "두 유방은 암사슴의 쌍태 새끼 같고"

이와 거의 같은 내용이 4 : 5에도 나온다. 그런데 4 : 5에 있는 "백합화 가운데서 꼴을 먹는"이라는 수식어구가 본 절에는 생략되어 있다. 더 자세한 내용은 4 : 5의 주석을 참고하면 된다.

[7 : 4] "목은 상아 망대 같구나 눈은 헤스본 바드랍빔 문 곁에 있는 연못 같고 코는 다메섹을 향한 레바논 망대 같구나"

4 : 4에서 여인의 목은 다윗의 망대에 비유되었다. 여기에서는 이와 유사하게 상아 망대에 비유되고 있다. 상아는 매우 귀한 재료였으므로 여인의 목이 상아 망대 같다는 것은 여인이 그만큼 귀하고 아름답다는 것을 말한다. 앞서 4 : 4은 여인의 목에 걸린 목걸이를 묘사했는데 본 절도 여인의 목에 걸린 상아 목걸이를 나타내는 것일 가능성이 있다.

사람의 얼굴에서 인상을 결정짓는 가장 중요한 요소는 아마도 눈일 것이다. 우리말로도 연인의 눈의 아름다움을 칭찬할 때 조금 낯간지럽지만 "당신의 눈에 빠져서 헤엄치고 싶소"라는 표현이 널리 사용된다. 맑고 촉촉한 눈은 마치 맑은 물을 연상하게끔 만들기 때문이다. 흥미롭게도 히브리어로 눈을 가리키는 명사 עַיִן(아인)은 '샘물', '연못'을 의미할 수도 있다. 본 절에서도 여인의 눈은 연못에 비유된다. 물론 여기서 연못은 히브리어로 בְּרֵכָה(베레카)로 되어 있지만 이렇게 여인의 눈을 연못에 비유하는 것은 עַיִן(아인)이 눈과 샘물 두 가지 의미를 다 나타낼 수 있다는 사실과 절대로 무관하지 않다.

헤스본은 예루살렘 동쪽에 있던 도시로 고고학자들은 그곳에서 주전 8세기 경의 거대한 저수지의 흔적을 발견하였다. 바드랍빔이라는 지명은 아직 알려진 바가 없으나 아마도 헤스본의 저수지 근처에 있는 문의 이름일 것이다. 바드랍빔, 히브리어로 בַּת־רַבִּים(바트 라빔)은 말 그대로는 '위대한 자들의 딸'이다. 그런데 이 이름은 7 : 2의 בַּת־נָדִיב(바트 나딥)과 그 표현방식이 유사하다. 바드랍빔이라는 명칭은 아마도 이러한 이유 때문에 이곳에 사용되었을 것이다.

여자의 코는 레바논의 망대에 비유되고 있다. 코가 망대 같다는 것은 무엇을 의미하는가? 코의 선이 망대처럼 곧음을 말하는 것일 수도 있고, 코가 망대처럼 높이 솟아 있음을 말하는 것일 수도 있다.

[7 : 5] "머리는 갈멜 산 같고 드리운 머리털은 자주 빛이 있으니 왕이 그 머리카락에 매이었구나"

여인의 머리가 갈멜 산 같다는 것은 갈멜 산이 지중해를 내려다보듯이 여인이 고개를 위엄 있게 쳐들고 서 있는 모습을 말하는 것이다. 그런데 여기에서도 갈멜 산이 선정된 이유가 있다. 갈멜(כַּרְמֶל)은 히브리어로 이와 발음이 매우 유사한 단어 כַּרְמִיל(카레밀)을 연상케 한다. כַּרְמִיל(카레밀)은 붉은 색깔을 가리키는 단어인데 이 단어는 역대하 2 : 6, 13, 3 : 14에서 자주 색깔을 가리키는 단어 אַרְגָּמָן(아르가만)과 나란히 사용되고 있다. 그런데 바로 이 מָן אַרְגָּ(아르가만)이 본 절에 등장하는 것이다. 그러므로 본 절에서 갈멜은 רְגָּמָן אַ(아르가만)과 연관되어 종종 사용되는 כַּרְמִיל(카레밀)을 연상시키도록 의도적으로 사용된 것이다.

앞서 3 : 10에 의하면 솔로몬의 가마는 자주색 천으로 장식되어 있었다. 자주색은 그만큼 왕족을 나타내는 귀한 색깔이었다. 여자의 드리운 머리털이 자주 빛이라는 말은 역시 여인의 존귀함을 나타낸다. 남자의 마음은 이러한 여인의 머리카락의 아름다움에 완전히 사로잡혔다.

[7 : 6] "사랑아 네가 어찌 그리 아름다운지, 어찌 그리 화창한지 즐겁게 하는구나"

개역성경의 번역 '사랑아'는 여인을 가리키는 호칭처럼 들린다. 히브리어로는 그냥 '사랑'(אַהֲבָה)이다. 그렇다면 남자는 여기서 사랑 그 자체의 기쁨을 찬양하고 있는 것으로 이해할 수 있다. 그러나 본 단락은 여자의 아름다움을 칭찬하는 부분이므로 문맥상 אַהֲבָה(아하바)를 의인화된 사랑, 즉 여인을 가리키는 말로 볼 수도 있다. 실제로 그리스어, 라틴어, 시리아어 역본들도 이런 식으로 이해하고 있다. 그리고 이 경우에 אַהֲבָה(아하바)를 모음을 바꾸어서 수동 분사 אֲהֻבָה(아후바)인 '사랑받는 자'로 읽으면 더 의미가 분명해진다.

개역성경에 "즐겁게 하는구나"로 번역된 히브리어 בַּתַּעֲנוּגִים(바타아누김)은 직역하면 '기쁨으로' 정도가 된다. 하지만 이를 약간 수정하여 תַּעֲנוּגִים בַּת(바트 타아누김)으로 읽으면 '기쁨의 딸'이 된다. 7 : 1의 בַּת־נָדִיב(바트 나딥), 그리고 7 : 4의 בַּת־רַבִּים(바트 라빔)과 같은 표현이다. 따라서 본 절을 다시 옮겨 보면 다음과 같다.

당신은 얼마나 아름다운가
당신은 얼마나 사랑스러운가
오 사랑받는 자여, 기쁨의 딸이여

설교를 위한 묵상

본 단락에서도 여인의 외모의 아름다움을 찬미하는 남자의 노래가 이어지고 있다. 아마도 남자는 여인이 춤을 추고 있는 모습을 감상하고 있는 듯하다. 그러므로 남자의 시선은 여인의 발과 다리, 허벅지, 배꼽과 허리에 집중되어 있다. 그러나 이 부분을 아무리 읽어 봐도 남자가 여인의 모습을 음란한 눈빛으로 흘겨보고 있다는 느낌은 전혀 받을 수 없다. 오히려 남자의 눈빛은 여자를 향한 애정과 자부심으로 가득 차 있음을 알 수 있다. 아가의 남자는 결코 사랑하는 여자의 신체를 강압적으로 차지하려고 하지 않는다. 그녀를 진심으로 사랑하고 아끼고 존중하기 때문이다. 아가에는 때로 성적 행위들에 대한 묘사들이 나타나기도 하지만, 아가는 결코 무분별하거나 무책임한 성적 행동들을 권장하지 않는다. 아가가 가르치는 성적 행위들은 서로가 정신적으로나 육체적으로 충분히 성숙될 때까지 기다려야 하는 것이고, 또한 상호간의 사랑과 신뢰가 전제되어야만 허락되는 것이다. 이러한 남녀 간의 사랑의 미덕에 대한 가르침을 성경에서 발견할 수 있다는 것은 하나님의 큰 은혜이다. 교회는 이 책을 더 이상 부끄럽거나 무의미한 것으로 방치해 두지 말고 젊은이들에게는 사랑과 성의 소중함과 의미를 가르치는 지침서로, 성인들에게는 아름다운 가정을 만들고 유지하도록 안내하는 책으로 잘 활용할 수 있는 방안을 마련해야 할 것이다.

L. 여인이 남자를 사랑의 자리로 초대함(7 : 7－13)

(남자)
7네 키는 종려나무 같고
네 유방은 그 열매송이 같구나
8내가 말하기를
종려나무에 올라가서
그 가지를 잡으리라 하였나니
네 유방은 포도송이 같고
네 콧김은 사과 냄새 같고
9네 입은 좋은 포도주 같을 것이니라
(여자)
이 포도주는 내 사랑하는 자를 위하여
미끄럽게 흘러내려서
자는 자의 입을 움직이게 하느니라
10나는 내 사랑하는 자에게 속하였도다
그가 나를 사모하는구나
11내 사랑하는 자야
우리가 함께 들로 가서
동네에서 유숙하자
12우리가 일찍이 일어나서
포도원으로 가서 포도 움이 돋았는지,
꽃술이 퍼졌는지,
석류 꽃이 피었는지 보자
거기에서 내가 내 사랑을 네게 주리라

13 합환채가 향기를 뿜어내고
우리의 문 앞에는 여러 가지 귀한 열매가
새 것, 묵은 것으로 마련되었구나
내가 내 사랑하는 자
너를 위하여 쌓아 둔 것이로다

[7 : 7] "네 키는 종려나무 같고 네 유방은 그 열매송이 같구나"

본 절은 여인의 외모를 묘사한다는 점에서는 앞 단락과 연결되긴 하지만 이후의 남녀 간의 대화를 시작하는 절이기 때문에 새로운 단락의 시작으로 보는 것이 낫다. 여기에서 남자는 여인의 키가 마치 장대한 종려나무처럼 크다고 한다. 그리고 그녀의 유방을 종려나무의 열매송이에 비유하고 있다.

[7 : 8] "내가 말하기를 종려나무에 올라가서 그 가지를 잡으리라 하였나니 네 유방은 포도송이 같고 네 콧김은 사과 냄새 같고"

'가지'로 번역된 סַנְסִנִּים(산신님)은 구약성경에 한 번밖에 등장하지 않는 어려운 단어이다. 그러나 이 단어는 아카드어 sissinnu와 관련되어 있는데 그 의미는 종려나무의 가지 또는 그 가지에 열린 열매를 가리키는 것으로 추정된다. 그런데 바로 앞 절에서 남자가 여자의 유방을 열매송이에 비유했으므로 후자의 의미가 더 강한 것으로 볼 수 있다. 남자가 이 종려나무에 올라가서 그 열매송이를 잡겠다는 것은 성적인 의미를 담고 있는 것이 분명하다.

[7 : 9] "네 입은 좋은 포도주 같을 것이니라 이 포도주는 내 사랑하는 자를 위하여 미끄럽게 흘러내려서 자는 자의 입을 움직이게 하느니라"

여기에서 입은 입술이 아니라 입 안쪽을 가리킨다. 여인의 입이 좋은 포도주라는 것은 여인과의 입맞춤이 그만큼 달콤하다는 것이다. 여기에서 남자의 말은 그치고, 여자의 말이 새롭게 시작된다. 여인은 남자의 말을 그대로 받아서 대화를 이어간다. 이러한 화법은 앞서 1 : 15~16, 그리고 4 : 16에서도 등장했다.

'자는 자의 입'이라는 말은 히브리어 שִׂפְתֵי יְשֵׁנִים(시프테 여쉐님)을 직역한 것이다. 그러나 이 표현이 의미하는 바는 분명하지 않다. 따라서 여러 주석가들은 본문을 수정할 필요성을 제기하는데, 그 중 한 가지 방법은 그리스어 역본들과 시리아역과 마찬가지로 שִׂפְתֵי יְשֵׁנִים(시프테 여쉐님)을 שְׂפָתַי וְשִׁנָּי(시파타이 웨쉰나이) "나의 입술과 나의 이"로 고쳐 읽는 것이다. 또 다른 가능성은 שִׂפְתֵי שָׁנִים(시프테 샤님) "주홍 빛 입술"로 읽는 것이다(Keith N. Schoville, "The Impact of the Ras Shamra Texts on the Study of the Song of Songs," 1969, p. 99).

"움직이게 하느니라"의 번역은 דוֹבֵב(도벱)을 옮긴 것인데 이 단어는 구약성경에 한 번밖에 나오지 않지만 דוב(도브) '흐르다'에서 왔을 가능성이 크다. 개역성경의 "움직이게 하느니라"는 아마도 דוֹבֵב(도벱)을 דבב(다바브) '중얼거리다'에서 온 것으로 이해한 결과일 것이다.

[7 : 10] "나는 내 사랑하는 자에게 속하였도다 그가 나를 사모하는구나"

"그가 나를 사모하는구나"는 직역하면 "그의 욕망이 내 위에 있구나"이다. 여기에서 '욕망'을 나타내는 단어 תְּשׁוּקָה(테슈카)는 이곳 이외에는 창세기 3 : 16과 4 : 7에만 나온다. 특히 3 : 16에서는 남자를 향한 여자의 욕망을 가리키는 데 사용되었다. 하지만 본 절에서는 남자의 여자를 향한 강한 성적인 욕망을 가리키는 것으로 사용되고 있다.

[7 : 11] "내 사랑하는 자야 우리가 함께 들로 가서 동네에서 유숙하자"

여자는 남자에게 들로 가서 함께 밤을 보내자고 요청한다. 들은 둘만의 은밀한 만남의 장소로 최적의 공간이다. '동네'로 번역된 כְּפָרִים(케파림)은 마을을 의미할 수도 있고 또는 헤나(고벨화)를 의미할 수도 있다. 앞서 1 : 14

과 4 : 13에서는 후자의 의미로 사용되었다. 여인이 남자에게 들로 가자고 요청하는 이유는 둘만의 시간을 보내고 싶기 때문이다. 그런데 들로 간 다음에 동네로 가서 유숙하자는 말은 앞뒤가 맞지 않는다. 동네에는 사람들이 많기 때문이다. 따라서 여기에서는 고벨화를 의미한다고 보아야 한다. 그러므로 본 절은 다음과 같이 수정하여 옮길 수 있다.

내 사랑하는 자야
어서 들로 나가라
우리가 고벨화 가운데에서
밤을 보내자

[7 : 12] "우리가 일찍이 일어나서 포도원으로 가서 포도 움이 돋았는지, 꽃술이 퍼졌는지, 석류 꽃이 피었는지 보자 거기에서 내가 내 사랑을 네게 주리라"

본 절은 6 : 11과 매우 유사하다. 포도원은 성적인 결합이 이루어지는 장소이다. 바로 이곳에서 여인은 자신의 사랑을 남자에게 주리라고 말한다. 그러나 한편 1 : 6에서 여자는 자기 자신을 포도원이라고 지칭하기도 했다. 그리고 4 : 12~15에서 각종 실과가 열리는 동산 역시 여인을 상징하는 것이었다. 이렇게 본다면 본 절에서도 포도원은 여자를 가리키는 말일 수 있다. 이 경우에 포도 움이 돋고, 꽃술이 퍼지고, 석류 꽃이 핀다는 것은 여인이 성숙하여 사랑을 받아들일 준비가 되었음을 상징한다.

[7 : 13] "합환채가 향기를 뿜어내고 우리의 문 앞에는 여러 가지 귀한 열매가 새 것, 묵은 것으로 마련되었구나 내가 내 사랑하는 자 너를 위하여 쌓아 둔 것이로다"

창세기 30 : 14~16에서 알 수 있듯이 합환채는 성욕을 촉진하는 일종의 최음제로 사용되었다. 합환채를 가리키는 דּוּדָאִים(두다임)은 바로 앞 절인

12절에 나온 דּוֹדַי(도다이) '내 사랑'과 발음이 매우 유사하다. 합환채가 본 절에 등장하는 것은 바로 이러한 발음상의 시적 효과를 노린 이유 때문이다.

'우리의 문'이 갑작스럽게 언급되는 것은 쉽게 이해가 가지 않는다. 왜냐하면 아가의 주인공들은 들판이나 포도원에 있는 상태이기 때문이다. 1 : 16~17에서 여자는 남자와 만날 은밀한 장소에 있는 귀한 목재로 만들어진 초막과 침상을 묘사하고 있는데, 본 절에서 말하는 '우리의 문'은 바로 이 구조물의 입구가 아닐까?

'새 것', '묵은 것', 즉 새 열매와 묵은 열매는 모든 열매를 가리키는 표현이다. 우리말로 남녀노소하면 모든 사람들을 말하는 것과 같은 이치이다.

설교를 위한 묵상

여자를 향한 남자의 끊임없는 칭찬은 여자의 고백과 응답을 이끌어 낸다. 여자는 "나는 내 사랑하는 자에게 속하였도다"라는 말로 남자에게 자신의 사랑을 확인해 준다. 그리고는 남자에게 둘만의 한적한 사랑의 공간으로 가자고 제안한다. 사랑은 이처럼 일방적인 것이 아니라 소통하는 것이다. 자신을 향한 상대방의 마음을 이해하고, 그의 사랑을 받아들이고, 그에 응답하는 것이 바로 사랑의 시작이다. 이러한 아가의 연인들의 대화 속에서 우리는 하나님과 우리와의 관계를 생각해 보아야 할 것이다. 우리는 과연 우리를 향한 하나님의 마음을 헤아리고 있는지, 하나님의 우리를 향한 사랑을 인식하고 받아들이고 있는지, 하나님의 그 사랑에 적절하게 반응하고 우리 역시 사랑으로 응답하고 있는지……. 우리가 하나님의 사랑에 응답만 한다면 아가의 연인들이 누리는 그 사랑의 기쁨보다 더 크고 놀라운 하나님과의 사랑의 기쁨이 바로 우리의 것이 된다.

M. 여인이 자신의 사랑이 인정받기를 원함(8 : 1-4)

(여자)

1 네가 내 어머니의 젖을 먹은 오라비 같았더라면
내가 밖에서 너를 만날 때에 입을 맞추어도
나를 업신여길 자가 없었을 것이라
2 내가 너를 이끌어 내 어머니 집에 들이고
네게서 교훈을 받았으리라
나는 향기로운 술
곧 석류즙으로 네게 마시게 하겠고
3 너는 왼팔로는 내 머리를 고이고
오른손으로는 나를 안았으리라
4 예루살렘 딸들아
내가 너희에게 부탁한다
내 사랑하는 자가 원하기 전에는
흔들지 말며 깨우지 말지니라

[8 : 1] "네가 내 어머니의 젖을 먹은 오라비 같았더라면 내가 밖에서 너를 만날 때에 입을 맞추어도 나를 업신여길 자가 없었을 것이라"

본 절의 첫 문장은 소망을 나타내는 문장이다. 여인은 남자가 자신과 차라리 친남매 지간이었기를 소망한다. 그랬다면 밖에서 남자를 만나 입을 맞추어도 아무런 문제가 되지 않았을 것이라는 이유에서다. 여기에서 알 수 있는 것은 아가의 남녀는 아직 약혼을 하지 않은 상태라는 것이다. 만일 이미 정혼한 상태라면 여인이 다른 사람들의 시선을 그토록 의식하여 들판으로 다니면서 남자와 은밀하게 사랑할 필요는 없었을 것이다.

[8 : 2] "내가 너를 이끌어 내 어머니 집에 들이고 네게서 교훈을 받았으리라"

"네게서 교훈을 받았으리라"는 히브리어로 תְּלַמְּדֵנִי(트람므데니)를 옮긴 것인데 사랑의 분위기가 고조되어 가는 장면에서 교훈을 받는다는 말이 등장하는 것은 매우 어색하다. 아마도 본 맥락에서 이 단어가 말하는 바는 남자가 여자에게 교훈을 주고, 훈계하는 것이 아니고, 여자로 하여금 남자에게 술과 석류즙을 준비하는 법을 가르쳐 준다는 의미일 것이다. 다시 말하면 여자는 남자에게 "어서 우리집으로 들어와서 나로 하여금 당신을 섬기고 사랑할 수 있는 기회를 달라"고 요청하는 것이다.

그러나 많은 주석가들은 תְּלַמְּדֵנִי(트람므데니)를 תֵּלְדֵנִי(텔르데니)로 고쳐 읽는다. 그리스어와 시리아역본들도 이 부분을 "나를 임신했던 자의 방으로"로 번역하고 있다. 본문비평의 입장에서 보면 그리스어와 시리아역본들은 3 : 4에 등장하는 "나를 잉태한 이의 방으로"라는 표현에 영향을 받은 것으로 생각할 수 있다. 그러므로 마소라 히브리어 본문을 더 나은 읽기로 보는 것이 합당하다. 하지만 본문비평은 단순한 원칙들만 가지고는 결정할 수 없는 경우가 더 많다. 아가 전체에서 '내 어머니'가 언급될 때는 주로 '나를 잉태한 자', '낳은 자'라는 표현이 뒤따르고 있음을 주목해야 한다. 3 : 4의 "내 어머니 집으로, 나를 잉태한 이의 방으로", 6 : 9의 "그는 그의 어머니의 외딸이요 그 낳은 자가 귀중하게 여기는 자로구나", 8 : 5의 "너로 말미암아 네 어머니가 고생한 곳 너를 낳은 자가 애쓴 그곳"의 예들이 이러한 사실을 분명히 보여 준다. 이러한 모든 사항들을 고려하면 마소라 본문의 תְּלַמְּדֵנִי(트람므데니)는 תֵּלְדֵנִי(텔르데니)의 오기일 가능성이 더 높다고 말할 수 있다. 따라서 본절 상반절은 다음과 같이 옮길 수 있다.

내가 당신을 인도하여
나를 낳았던 내 어머니의 집으로 데려오리라

"나는 향기로운 술 곧 석류즙으로 네게 마시게 하겠고" 히브리어로는 '나의 석류즙'으로 되어 있다. 즉, 남자가 다른 사람의 석류즙이 아닌 자신이 주는 석류즙만을 마시게 하겠다는 것이다. 일부 학자들은 이 부분을 성적인 의미로 해석하여 '나의 석류'는 여자의 유방을 가리키고, 향기로운 술(포도주)은 입맞춤을 가리킨다고 보기도 한다. "네게 마시게 하겠고"의 히브리어 אַשְׁקְךָ(아쉬케카)는 1절에 있는 '입을 맞추어도'의 히브리어 אֶשָּׁקְךָ(에샤케카)와 발음이 매우 유사하다. 의도적인 언어유희이다.

[8 : 3] "너는 왼팔로는 내 머리를 고이고 오른손으로는 나를 안았으리라"

[8 : 4] "예루살렘 딸들아 내가 너희에게 부탁한다 내 사랑하는 자가 원하기 전에는 흔들지 말며 깨우지 말지니라"

8 : 3~4은 2 : 6~7과 거의 동일하다. 차이점은 2 : 7에 있는 "노루와 들사슴을 두고 너희에게 부탁한다"는 표현이 여기에는 빠져 있다는 것이다. 한편 8 : 4만 두고 보면 2 : 7 외에 3 : 5도 같은 내용을 언급한다. 8 : 4과 3 : 5 모두 바로 뒤이어서 "거친 들에서 올라오는 자가 누구인가" 하는 질문이 등장하고 있다. 그러나 이 두 곳에서 이 질문에 대한 답은 전혀 다르게 나타난다. 3장에서는 거친 들에서 오는 자는 솔로몬의 가마를 가리키고, 8장에서는 아가의 여인을 말한다.

또 하나의 차이는 2 : 7과 3 : 5에서는 אִם(임)이 사용된 것에 반해 본 절에서는 אִם(임) 대신에 의문사 מַה(마)가 사용되었다는 점이다. אִם(임)은 본래는 "만일……"의 의미를 가진 조건문을 이끄는 단어이지만, 때로는 부정의 의미를 가질 수 있다. 이러한 용법은 "만일(אִם) 내가 무엇 무엇을 하면 하나님께서 나를 죽이시기를……"과 같은 맹세문에서 유래한 것이다. 이 말은 곧 "나는 결코 그러한 일을 하지 않겠다"는 의미인데, 여기에서 אִם(임) 이하의 내용이 생략되어 있다고 보는 것이다. 결과적으로 אִם(임)만 사용되어도 "~가 아니다"라는 부정의 의미를 전달할 수 있게 된 것이다.

그런데 본 절에서는 אִם(임) 대신에 의문사 מַה(마)가 사용된 것이다. 물론 이 의문사 מַה(마)를 אִם(임)과 마찬가지로 부정의 의미를 전달하는 것으로 이해할 수도 있다. 하지만 의문사의 본래 의미를 살려서 번역해 본다면 본 절의 마지막 부분은 "어찌하여 흔들며, 어찌하여 깨우겠느냐"로 옮길 수 있다. 즉, 사랑이 무르익어 적절한 때가 되기 전에는 억지로 그 사랑을 강요할 필요가 없다는 것이다.

2장의 주석에서 설명했듯이 "사랑하는 자가 원하기 전에는" 보다는 "사랑이 원하기 전에는" 이 본문이 말하고자 하는 의미를 더 정확하게 전달하는 번역이다.

설교를 위한 묵상

8장에 들어와서 아가의 주인공들은 보다 현실적인 문제들로 고민하게 된다. 무슨 이유에서인지 아가의 여인은 아직 공개된 장소에서 자신의 연인과 당당하게 사랑을 나누는 것에 부담을 느끼고 있다. 아마도 여인의 오빠들과 같은 가족들의 통제가 마음에 걸려서일지도 모른다. 이런 상황에서 여인은 자신의 사랑이 모두에게 인정받아 떳떳하게 사랑을 천명하고 자랑하고 싶어한다. 어떻게 보면 사랑은 당사자 둘만의 문제라고 생각할 수도 있다. 그러나 꼭 그렇지는 아니하다. 사람이 사랑을 하게 되면 상대에게 집중하는 만큼 안하무인이 되어 주변의 다른 인물들과의 관계가 소원해질 수도 있다. 또한 둘이 미래를 설계할 때가 되면 사랑은 더 이상 당사자만의 문제가 아니라 그들이 속했던 두 가정의 문제가 된다. 그러므로 사랑을 하는 자들은 자신들로 인해 주변의 가까운 사람들이 상처받지 아니하도록 주의해야 한다. 자신들의 사랑이 깊어질수록 타인들을 배려하는 마음이 있어야 주변의 축복 속에 아름다운 만남을 이어 갈 수 있음을 기억해야 할 것이다.

N. 죽음같이 강한 사랑(8 : 5-14)

(예루살렘 딸들)

5그의 사랑하는 자를 의지하고

거친 들에서 올라오는 여자가 누구인가

(여자)

너로 말미암아 네 어머니가 고생한 곳

너를 낳은 자가 애쓴 그곳

사과나무 아래에서 내가 너를 깨웠노라

6너는 나를 도장같이 마음에 품고

도장같이 팔에 두라

사랑은 죽음같이 강하고

질투는 스올같이 잔인하며

불길같이 일어나니

그 기세가 여호와의 불과 같으니라

7많은 물도 이 사랑을 끄지 못하겠고

홍수라도 삼키지 못하나니

사람이 그의 온 가산을 다 주고

사랑과 바꾸려 할지라도

오히려 멸시를 받으리라

8우리에게 있는 작은 누이는

아직도 유방이 없구나

그가 청혼을 받는 날에는

우리가 그를 위하여 무엇을 할까

9그가 성벽이라면 우리는

은 망대를 그 위에 세울 것이요
그가 문이라면 우리는
백향목 판자로 두르리라
10나는 성벽이요 내 유방은 망대 같으니
그러므로 나는 그가 보기에
화평을 얻은 자 같구나
(남자)
11솔로몬이 바알하몬에 포도원이 있어
지키는 자들에게 맡겨 두고
그들로 각기 그 열매로 말미암아
은 천을 바치게 하였구나
12솔로몬 너는 천을 얻겠고
열매를 지키는 자도 이백을 얻으려니와
내게 속한 내 포도원은
내 앞에 있구나
13너 동산에 거주하는 자야
친구들이 네 소리에 귀를 기울이니
내가 듣게 하려무나
(여자)
14내 사랑하는 자야
너는 빨리 달리라
향기로운 산 위에 있는
노루와도 같고
어린 사슴과도 같아라

[8 : 5] "그의 사랑하는 자를 의지하고 거친 들에서 올라오는 여자가 누구인가"

'의지하고'로 번역된 히브리어 מִתְרַפֶּקֶת(미트라페케트)는 구약성경에 한 번만 나오는 어려운 단어이지만, 이 단어의 어근이 다른 셈어들에서 사용된 용례들을 근거로 일반적으로 '지지하다', '기대다'로 이해한다. 개역성경의 '의지하고'는 자칫 마음으로 신뢰함을 의미하는 것으로 오해할 소지가 있기 때문에 "그의 사랑하는 자에게 기대고"로 바꾸어 번역하는 것이 나을 듯하다.

앞서 3장에서는 남자가 여인에게로 향하여 오는 모습을 솔로몬의 가마에 빗대어 묘사했는데, 여기에서는 남자와 여자가 함께 오고 있다. 그러나 누구를 향하여 오고 있는가? 아마도 "거친 들에서 올라오는 여자가 누구인가?" 하는 질문은 예루살렘 딸들이 남자와 여자가 서로 어울려 오는 모습을 보면서 한 말일 것이다.

"너로 말미암아 네 어머니가 고생한 곳 너를 낳은 자가 애쓴 그곳 사과나무 아래에서 내가 너를 깨웠노라"

2 : 3에서 여자는 남자를 사과나무에 비유했었다. 앞에서도 언급했지만 아가에서 사과나무로 번역되는 히브리어 תַּפּוּחַ(타푸아흐)는 그 의미가 불분명하다. 많은 주석가들은 이를 사과나무가 아니라 살구나무로 이해한다.

"네 어머니가 고생한 곳"이라는 개역성경의 번역은 본 맥락에서는 아무런 의미가 없는 번역이다. 히브리어 חִבֵּל(히벨)이 주로 '산통', '산고를 겪다'를 의미하기 때문에 이를 '고생한'으로 옮긴 듯하다. 마찬가지로 '애쓴'으로 옮긴 단어도 히브리어로는 같은 단어이다. 그러나 우리말 '고생하다'와 '애쓰다'는 본문에서 무엇을 위해 고생하고 애썼다는 것인지 의미가 잘 전달이 되지 않는다. 차라리 '산고를 겪은' 정도로 옮겼으면 더 나을 뻔했다.

그런데 히브리어 חִבֵּל(히벨)은 산통과 관련이 있어서 '임신하다'의 의미로 사용되기도 한다. 특히 본 절에서는 חִבֵּל(히벨) 바로 뒤에 '낳다'를 의미하는 동사 ילד(얄라드)가 이어지고 있으므로, '산통을 겪다'보다는 '수태하다', '임신하다'를 의미한다. 다시 말해서 תַּפּוּחַ(타푸아흐) 나무 아래는 남자의 어머니가 남편과 사랑을 나누다가 아가의 남자 주인공을 임신하게 된 장소라는 것이다. 그리고 흥미롭게도 바로 이 나무 아래에서 여자는 자신이 사랑하는 그 남자를 깨우고 있는 것이다. 물론 여기서 남자를 깨운다는 것은 잠을 깨우는 것이 아니라 성적인 의미를 담고 있는 것으로 보아야 한다.

[8 : 6] "너는 나를 도장같이 마음에 품고 도장같이 팔에 두라 사랑은 죽음같이 강하고 질투는 스올같이 잔인하며 불길같이 일어나니 그 기세가 여호와의 불과 같으니라"

아마도 본 절은 아가에서 제일 널리 알려진 구절일 것이다. 실제로 아가 전체에서 이보다 강렬한 메시지를 전달해 주는 구절도 없을 것이다. "너는 나를 도장같이 마음에 품고 도장같이 팔에 두라"는 말은 특히 의미심장하다. 도장은 그 도장의 주인의 신원을 증명하는 분신과 같은 물건이다. 여자는 남자에게 그의 분신과 같이 친밀한 존재가 되겠다고 강력하게 요구하고 있는 것이다. 학개 2 : 23에도 이와 유사한 내용이 등장한다. "만군의 여호와가 말하노라 스알디엘의 아들 내 종 스룹바벨아 여호와가 말하노라 그 날에 내가 너를 세우고 너를 인장으로 삼으리니 이는 내가 너를 택하였음이니라 만군의 여호와의 말이니라 하시니라" 여기서 스룹바벨이 하나님의 인장이라는 말은 그가 하나님을 대신한다는 의미이다. 마음과 팔은 도장을 걸고 다니는 부분이다. 도장은 목에 걸어 도장이 심장 부분에 위치하게 될 수도 있었고, 팔이나 손목에 걸고 다닐 수도 있었다. 그러므로 "마음에 품고…… 팔에 두라"는 표현이 있을 수 있는 것이다.

죽음의 힘은 대단하다. 이 세상에 죽음을 피할 수 있는 사람은 아무도 없다. 사랑의 힘은 이토록 대단한 죽음의 힘에 견줄 수 있을 만큼 강하다는 것이다. 이 다음 문장에서 질투는 사랑과 시적 병행을 이루고, 스올은 죽음과 병행을 이루고 있다. 마찬가지로 잔인하다는 말은 바로 앞의 강하다는 말과 병행을 이룬다. 질투라는 말은 히브리어로 קִנְאָה(키나)인데, 이 단어에서 우리는 하나님의 특성, 즉 질투하시는 하나님을 연상케 된다. 하나님은 하나님에게 마땅히 드려져야 할 영광이 다른 신에게 바쳐지는 것을 참지 못하시는 분이신데, 이러한 때에 하나님은 질투를 발하신다. 마찬가지로 사랑하는 연인들의 사이에 제삼자가 개입하게 되어 그 사랑을 나누어 가게 되면, 말로 표현할 수 없을 만큼 강한 질투심이 발생하게 되어 있다. 그러므로 질투는 사랑의 다른 한 면일 수도 있다. 사랑이 강하고 깊을수록, 그 독점적이고 배타적인 사랑의 관계를 위협하는 존재에게는 그만큼 강력한 질투가 나타나는 것이다.

스올은 고대 이스라엘 사람들의 세계관에서 땅 아래에 있는 곳으로 의인이나 악인이나 모두 죽으면 스올로 가게 되어 있다. 사무엘상 28장을 보면, 이스라엘 사람들은 하나님의 사람 사무엘도 지하의 스올에 있었다고 여겼음을 알 수 있다. 그러므로 스올을 지옥과 같은 곳으로 생각하는 것은 잘못이다. 이 세상에 사는 누구도 스올이 삼키는 힘을 견뎌 낼 사람이 없다. 즉, 모든 사람은 죽어서 스올에 가게 되어 있다는 것이다. 이토록 강력한 스올의 힘, 거부할 수 없는 스올의 힘만큼 강한 것이 곧 사랑이요, 그 사랑에서 촉발될 수 있는 질투라는 것이다.

개역성경의 "불길같이 일어나니 그 기세가 여호와의 불과 같으니라"는 여러 면에서 번역상의 문제가 있다. 히브리어로는 **רְשָׁפֶיהָ רִשְׁפֵּי אֵשׁ שַׁלְהֶבֶתְיָה**(레샤페하 리슈페 에쉬 샬헤베트야)로 되어 있다. 여기에 사용된 단어 **רֶשֶׁף**(레셉)은 본래 가나안의 신의 이름으로 메소포타미아의 저승의 신 네르갈과도 연관되어 있는 신이다. 주로 각종 질병을 불러와서 사람들을 해하는 신으로 여겨지기도 한다. 욥기 5 : 7을 보면 각종 질병들을 가리켜서 히브리어로 '레셉의 아들들'(개역개정에는 '불꽃')이라고 칭하고 있다. 그런데 우가릿의 문헌에서 레셉은 화살과 쥔 자로 등장하기 때문에 **רֶשֶׁף**이라는 단어 자체가 화살을 의미하기도 한다(시 76 : 3〈히 76 : 4〉 참고). 만일 8 : 6에서도 이 의미로 사용되었다면 **רְשָׁפֶיהָ רִשְׁפֵּי אֵשׁ**(레샤페하 리슈페 에쉬)는 "그것의 화살은 불화

살"로 옮길 수 있다.

더 논란이 많은 부분은 שַׁלְהֶבֶתְיָה(샬헤베트야)이다. 우선 שַׁלְהֶבֶתְיָה(샬헤베트야)만으로는 시의 운율이 깨진다. 따라서 여러 주석가들은 여기에서 중자탈락(haplography)이 있었다고 추정한다(BHS 편집자인 Horst를 비롯하여 Wilhelm Rudolph, Das Buch Ruth, Das Hohe Lied, Die Klagelieder, 1962 ; Helmer Ringgren, Das Hohe Lied, 1967 ; Ernst Würthwein, Ruth, Das Hohe Lied, Esther, 1969등이 중자탈락을 주장한다.). 즉, 본래는 בתיך שלהבת־יה שלה인데 같은 단어 하나를 서기관이 실수로 누락시켰다는 것이다. 여하튼 여기에서 마지막 음절 יָה(야)는 하나님의 이름의 축약형일 가능성이 있다. 개역성경의 번역도 이러한 해석에 근거한 것이다. 그런데 레닌그라드 사본에는 יָה(야)가 따로 떨어져 있지 않아서, 적어도 벤 아셰르 가문의 서기관들은 이 음절을 하나님의 이름으로 이해하지 않았음을 보여 준다. 만일 יָה(야)가 하나님의 이름의 축약형이 아니라면, 이 음절은 단어의 의미를 강조하는 것으로 본다. 즉, '강한 불길'과 같은 의미가 되는 것이다.

또 하나 고려할 점은 앞서 2 : 7과 3 : 5에서 아가의 저자는 하나님의 거룩한 이름을 직접적으로 말하는 것을 피하려는 경향을 보인다는 것이다. 그는 하나님의 이름 대신에 그와 발음이 유사한 '노루와 들의 암사슴'이라는 동물들을 언급하고 있다. 그렇다면 8 : 6에서도 יָה(야)를 하나님의 이름으로 보기는 어렵지 않을까? 물론 이 문제는 그렇게 간단하지는 않다. 8 : 6과 2 : 7, 그리고 3 : 5이 동일한 저자에게서 비롯된 것이라는 전제가 이루어져야 이 논리가 가능해진다. 그렇다고 하더라도 아가 전체에 하나님의 이름이 단 한 번도 나타나지 않는데 8 : 6에만 하나님의 이름의 축약형이, 그것도 불확실한 문맥에서 나타난다는 것은 받아들이기가 쉽지 않다.

[8 : 7] "많은 물도 이 사랑을 끄지 못하겠고 홍수라도 삼키지 못하나니 사람이 그의 온 가산을 다 주고 사랑과 바꾸려 할지라도 오히려 멸시를 받으리라"

사랑의 강렬함에 대한 찬가가 이어진다. 여기에서 홍수는 직역하면 강들이다. 사랑은 꺼지지 않는 불처럼 끈질기고, 강물도 삼킬 수 없을 만큼 강하다. 여기에 언급된 '많은 물'과 '강들'은 메소포타미아나 가나안의 신화에서 신을 대적하는 신화적 세력들과 관련이 있다고 볼 수 있다. 특히 우가릿의 바알 신화에서 바알을 대적하던 얌(바다)은 '재판관 강' 또는 '왕자 강'으로 불리기도 한다. 만일 본 절이 이러한 신화적 요소를 담고 있다면 본 절은 신과 맞서 싸울 만큼 두렵고 강력한 신화적 존재들마저도 감히 사랑을 이길 수는 없다는 것을 의미한다.

이러한 사랑의 가치는 너무나 고귀하고 뛰어나서 아무리 재산이 많은 사람이라도 돈으로 살 수는 없다. 오늘날에는 마치 사랑을 돈으로 살 수 있는 것처럼 생각하는 사람들도 있지만, 참된 사랑은 돈으로 얻을 수 있는 것이 아니다. 아가의 여인은 오히려 이러한 고귀한 사랑을 돈으로 사려고 시도하는 자는 멸시를 받아 마땅하다고 엄포를 놓는다.

[8 : 8] "우리에게 있는 작은 누이는 아직도 유방이 없구나 그가 청혼을 받는 날에는 우리가 그를 위하여 무엇을 할까"

8 : 8~9의 말은 여인의 오빠들의 말이다. 그러나 갑작스럽게 오빠가 등장하는 것은 어색하고, 차라리 여인이 자신의 오빠들이 한 말을 인용한 것으로 보는 것이 낫다. 우리는 앞서 1 : 6에서 오빠들이 여인을 지나치게 보호하려는 경향이 있었고, 이것이 여인의 불만이었음을 보았다. 창세기 24 : 55을 보면 리브가의 결혼 문제를 결정하는데 리브가의 오빠의 권한이 상당했음을 알 수 있다. 창세기 34장에 기록된 디나가 추행을 당하는 사건에서도 디나의 오빠들인 시므온과 레위가 디나의 일에 대한 복수를 감행한다.

'우리에게 있는 작은 누이'라는 번역은 엄밀하게 말하면 히브리어의 문법에 맞지 않는다. אָחוֹת לָנוּ קְטַנָּה(아호트 라누 크탄나)에서 קְטַנָּה(작다)는 개역성경의 번역처럼 אָחוֹת(누이)를 수식하는 한정적 용법의 형용사가 아니고,

동격으로 사용된 명사이다(Michael V. Fox, *The Song of Songs and the Ancient Egyptian Love Songs*, 1985, p. 173). 이를 우리말로 직역하여 옮기면 "우리에게는 한 누이가 있다. 곧 작은 여자 아이이다"가 된다. 개역성경의 '작은 누이'는 나이가 아래인 여자를 가리키는 말로 오해할 소지가 있다. 누이가 작다는 말은 나이가 어리거나 키가 작은 것이 아니고, 아직 충분히 성숙하지 않았음을 가리킨다. 이는 그녀에게 아직 유방이 없다는 설명을 통해서도 알 수 있다. 여인의 오빠들은 여동생이 결혼하는 날을 대비하여 어떤 준비를 해야 할지를 고민하고 있는 중이다.

[8 : 9] "그가 성벽이라면 우리는 은 망대를 그 위에 세울 것이요 그가 문이라면 우리는 백향목 판자로 두르리라"

그가 성벽이라면 그 위에 망대를 세운다는 말은 자신들의 누이동생이 아직 남자가 접근하지 못하고 있는 성벽처럼 순결을 유지하고 있다면 망대를 세워 그 순결을 더 굳게 지킬 수 있도록 하겠다는 의미이다. 그가 문이라면 백향목 판자로 두르겠다는 말은 자신들의 누이동생이 아무나 쉽게 들어갈 수 있는 문처럼 남성들에게 성적으로 개방된 여자라면 판자를 둘러서 더 이상 그렇게 방탕하게 행동하지 못하도록 하겠다는 말이다.

특이한 것은 망대를 세우는데 그냥 망대가 아니라 은으로 된 망대요, 문을 판자로 두르는데 그냥 나무판자가 아니라 귀한 백향목 판자를 사용하겠다는 점이다. 즉, 귀한 재료를 사용하여 누이를 더 아름답게 치장해 주겠다는 의미도 담겨 있는 것이다. 그래서 어떤 주석가들은 여기에서 약삭빠른 오빠들이 여동생의 가치를 더 높여서 더 많은 결혼 지참금을 받아내려 하고 있다고 생각하기도 한다(Othmar Keel, *The Song of Songs*, 1994, p. 279).

[8 : 10] "나는 성벽이요 내 유방은 망대 같으니 그러므로 나는 그가 보기에 화평을 얻은 자 같구나"

이와 같은 오빠들의 말에 여인은 자신 있게 말한다. "나는 성벽이요"라는 말은 오빠들이 걱정하는 것처럼 자신은 헤픈 여자가 아니라는 선언이다. '내 유방은 망대 같으니'라는 말은 자신은 이제 사랑을 나누기에 충분하도록 성적으로 완전히 성숙한 여인임을 천명하는 것이다.

"그러므로 나는 그가 보기에 화평을 얻은 자 같구나"라는 말은 그 의미가 분명하지 않다. 우선 이 구절에서 말하는 '그'를 가리키는 선행사가 없다. 물론 문맥상으로 사랑하는 남자를 말하는 것이겠으나, 이렇게 선행사 없이 갑작스럽게 대명 접미어가 나오는 것은 여러 개의 사랑 노래들이 아가라는 한 책에 함께 엮어져 있음을 보여 주는 증거로 보는 사람들도 있다(R. E. Murphy, *The Song of Songs*, 1990, p. 193). '화평을 얻은 자'라는 말은 **מוֹצְאֵת שָׁלוֹם** (모츠에트 샬롬)인데 여기서 **מוֹצְאֵת**(모츠에트)는 두 가지로 분석이 가능하다. 우선 '찾다'를 의미하는 **מצא**(마차)의 칼 능동분사일 수가 있는데 이 경우 의미는 '화평을 찾은 자'가 된다. 개역성경이 이를 취하고 있는 듯하다. 두 번째로 **מוֹצְאֵת**(모츠에트)는 '나가다'를 의미하는 **יצא**(야차)의 히필 사역형 분사일 수도 있는데 이 경우 의미는 '화평을 가져오는 자'가 된다.

"나는 그가 보기에 화평을 얻은 자"라는 말은 히브리어로 보면 관용적으로 사용되는 "내가 그에게서 은혜를 찾다"라는 표현과 매우 유사하다. 이 말의 뜻은 "내가 그에게서 은혜를 찾다"는 말은 "그가 나를 만족해 한다", 즉 "내가 그를 만족하게 한다"는 의미이다. 본 절에서는 단지 '은혜'(חֵן) 대신에 '화평'(שָׁלוֹם)이 사용되었다는 차이가 있을 뿐이다. 그 이유는 **שָׁלוֹם**(샬롬)이 솔로몬의 이름을 연상케 하기 때문일지도 모른다. 그렇다면 여인이 8 : 10에서 하고 있는 말은 "나는 이제 성적으로 성숙했으니 그를 만족시킬 수 있게 되었다"는 자부심 어린 선언으로 풀이할 수 있을 것이다.

한편, 만일 본 절의 하반절을 성벽과 망대의 비유의 연속으로 이해한다면 화평을 얻었다는 것은 더 이상 방어를 하지 않고 이제 자신의 성문을 열었다는 의미로 볼 수도 있다. 즉, 자신의 몸과 마음을 활짝 열었으니 사랑하는 남자가 이제는 자신을 마음껏 취하여도 된다는 의미가 된다(J. Cheryl Exum, *Song of Songs : A Commentary*, 2005, p. 258). 어떠한 해석이든 그 본질적인 의미는 비슷하다. 여자는 오빠들의 생각과는 달리 자신은 완전히 성숙하여 사랑할 준비가 되었고, 오빠들의 간섭에도 불구하고 이제는 사랑을 나누려고 한다는 대담한 천명인 것이다.

[8 : 11] "솔로몬이 바알하몬에 포도원이 있어 지키는 자들에게 맡겨 두고 그들로 각기 그 열매로 말미암아 은 천을 바치게 하였구나"

여자의 자랑어린 사랑의 선언에 남자가 답할 차례가 되었다. 남자는 일종의 우화의 형식을 빌어 이야기를 시작한다. 특히 본 절의 서두는 이사야 5 : 1b의 포도원의 노래("내가 사랑하는 자에게 포도원이 있음이여……")와 같은 표현으로 시작된다. 바알하몬이라는 지명은 구약성경에는 등장하지 않는 이름이다. 따라서 이 이름을 다른 방식으로 읽으려는 시도들이 있어 왔지만, 바알하몬이 어디를 가리키는지는 별로 중요하지 않다. 오히려 본 절에서 바알하몬이라는 이름이 사용된 것은 이름이 의미하는 바와 관련이 있어 보인다. 바알하몬은 해석에 따라서 '부의 소유자' 또는 '많은 자들의 남편'이라는 두 가지의 의미를 가질 수 있다. 이 두 의미 모두 사실은 부의 상징이자 동시에 수많은 여자들을 거느렸던 솔로몬과 관련이 있다. 그러므로 바알하몬은 아마도 역사적 지명이었다기보다는 아가의 저자가 솔로몬을 염두에 두고 만들어 낸 이름일 가능성이 높다. 아가 저자의 시적 표현력과 상상력, 그리고 어휘를 만들어 내는 능력이 얼마나 뛰어난지를 보여 주는 대목이다.

본 절의 하반절의 개역성경 번역에는 문제가 있다. "그들로 각기 그 열매로 말미암아 은 천을 바치게 하였구나"라는 말은 솔로몬이 포도원을 포도원지기들에게 맡기고 그들에게 그 열매에 대한 값으로 은 천을 징수했다는 의미로 들린다. 그러나 본 문장의 의미는 그게 아니라, 어느 사람이 솔로몬의 포도원의 열매를 사 먹으려면 은 천을 줘야 한다는 것이다. 이 사실은 그 다음 절을 보면 분명해진다. 12절에 의하면 솔로몬뿐만 아니라 포도원지기들도 이백을 얻는다. 그러므로 솔로몬이 포도원지기들에게서 돈을 징수하는 것이 아니다. 따라서 본 절의 하반절은 다음과 같이 수정할 필요가 있다.

> 누구든 그 열매를 위해서는
> 은 천 개를 가져와야 하리라

[8 : 12] "솔로몬 너는 천을 얻겠고 열매를 지키는 자도 이백을 얻으려니와 내게 속한 내 포도원은 내 앞에 있구나"

11~12절의 화자를 여자로 보는 주석가들도 있으나 '포도원'은 아가에서 여자와 관련되어 사용되었으므로 여자가 아니라 남자가 화자가 되는 것이 옳다. '내게 속한 내 포도원'이라는 표현에서 소유의 의미가 이중으로 반복되어 강조되고 있다. "내 앞에 있구나"라는 말은 여인이 항상 자기 곁에 있어서 다른 사람은 건드릴 수 없고, 둘의 사랑은 그만큼 확실하다는 자랑이다. 여기에서 남자는 자신의 포도원, 즉 자기의 여인을 솔로몬의 포도원보다 더 소중히 여긴다고 말한다. 솔로몬의 포도원은 솔로몬이 거느리던 여인들을 암시하는 듯하다. 특히 "솔로몬 너는 천을 얻겠고"라는 표현은 솔로몬의 후궁과 첩들의 숫자가 천 명이었다는 열왕기상 11 : 3의 기록을 연상하게 한다. 그러므로 남자는 아름다운 왕궁의 여인들 천 명보다도 자신이 사랑하는 한 여인이 훨씬 소중한 존재임을 비유적으로 말하고 있는 것이다. 게다가 솔로몬은 자신의 여인들을 포도원지기에게 맡길 정도로 여인들에게 많은 관심을 주지 못했지만, 아가의 남자는 자기 앞에 있는 여인을 남에게 맡기지 않고 자신이 항상 직접 돌볼 것이다.

[8 : 13] "너 동산에 거주하는 자야 친구들이 네 소리에 귀를 기울이니 내가 듣게 하려무나"

본 절에서 '네 소리'를 어느 동사의 목적어로 보아야 하는지 의견이 분분하다. 개역성경에서는 마소라 본문이 제안하는 대로 '귀를 기울이니'(מַקְשִׁיבִים)의 목적어로 보았는데, 본 절의 히브리어 여섯 단어를 두 단어씩 배분하면 이 단어를 '듣게 하려무나'(הַשְׁמִיעִנִי)의 목적어로 볼 수도 있다. 그렇다면 본 절은 다음과 같이 옮길 수도 있다.

> 너 동산에 거주하는 자야
> 친구들이 귀를 기울인다
> 내가 네 소리를 듣게 하려무나

어느 경우이든 의미상의 변화는 거의 없다.

앞서 2 : 14에서 남자는 여자의 얼굴을 보고 목소리를 듣기 원한다고 말한 적이 있다. 본 절에서 남자는 또 다시 여자의 목소리를 듣고 싶다는 소망을 피력한다. 그런데 특이하게도 여기에는 '친구들'이 언급되고 있다. 이 친구들은 도대체 누구를 말하는 것인가? 아가의 저자는 친구들을 통해서 우리 독자들을 자신들의 대화 속으로 끌어들이려고 하고 있다. 독자들도 친구들처럼 아가의 연인들의 목소리를 듣고 싶어하도록 유도하는 것이다.

[8 : 14] "내 사랑하는 자야 너는 빨리 달리라 향기로운 산 위에 있는 노루와도 같고 어린 사슴과도 같아라"

위에서 언급했듯이 2 : 14에서 남자는 여자의 목소리를 듣고 싶다고 했는데 이에 대한 대답으로 여자는 2 : 17에서 본 절과 거의 같은 내용을 말한 적이 있다. "너는 빨리 달리라"로 번역된 히브리어 בְּרַח(베라흐)는 항상 무언가로부터 급하게 떠나는 것, 멀어지는 것을 가리킨다. 그렇다면 여자는 여기서 자신의 남자에게 자신을 멀리 떠나라고 말하고 있는 것인가? 이러한 내용은 아가의 제일 마지막 구절의 내용으로 적합하지 않다. 아마도 여인은 13절에 언급된 친구들을 염두에 두고 있는 듯하다. 여인은 남자가 자신들의 사랑의 밀어를 엿들으려는 친구들로부터 떨어져서 향기로운 산으로 오라고 말하는 것이다. 4 : 6에서 남자는 몰약 산과 유향의 작은 산으로 가겠다고 했었다. 이 산들이 여인의 가슴을 상징했던 것과 마찬가지로 본 절에서 향기로운 산, 직역하면 향료들(발삼)의 산들도 여인 자신의 가슴을 가리키는 말이다. 그러므로 여인은 남자가 친구들에게서 떠나 자신에게 속히 와서 자신의 가슴에서 노루와 사슴처럼 뛰놀며 자신과 함께 있어 주기를 간청하고 있는 것이다.

수없이 많은 종류의 동식물들, 다양한 비유와 상징, 이해하기 쉽지 않은 에피소드들로 구성된 기나긴 아가의 사랑 노래들은 거창하거나 깔끔한 결론도 없이 이렇게 갑작스럽게 끝이 나서 독자들을 당황스럽게 한다. 그래서 혹자는 아가의 본래 끝부분이 소실된 결과가 아닌가 의심하기도 한다. 그러나 어떻게 보면 이러한 결말은 오히려 의도된 것일 수 있다. 앞서 2 : 9, 17, 4 : 6 등에 사용되었던 표현들을 다시 상기시키면서 이 구절은 아가를 마무리하는 것이 아니라 다시 아가로 되돌아가도록 독자들을 안내하고 있다. 이를 통하여 아가의 남녀의 사랑은 어느 한순간에 끝이 나는 것이 아니고 계속 이어지는 영원한 사랑임을 강조하려는 의도가 담겨 있다고 볼 수 있다.

설교를 위한 묵상

책의 마지막 부분인 본 단락은 사랑이 지니고 있는 파괴력과 위험성에 대하여 경고하고 있다. 이 사랑은 죽음도 이길 만큼 강력한 힘을 가지고 있다. 특히 사랑의 위험한 측면, 즉 질투는 사랑이 큰 만큼 더욱 강하게 일어난다. 하나님이 질투하시는 분이라는 성경의 증언을 가볍게 생각해서는 안 된다. 우리를 향한 하나님의 사랑이 큰 만큼 우리가 하나님이 아닌 다른 것들을 사랑할 때 하나님의 질투는 더욱 강하게 발하기 마련이라는 사실을 늘 기억해야 한다.

흔히들 얘기하는 것처럼 아가가 자유연애와 무분별한 성관계를 조장한다는 생각은 잘못이다. 본 단락에서 보듯이 아가의 저자는 오히려 많은 여인들을 두었던 솔로몬을 빗대어 조롱하고, 오히려 연인 둘만의 배타적이고 헌신적인 사랑을 칭송하고 권장한다. 그러므로 아가를 고대 사회의 포르노그래피 작품처럼 취급하는 일각의 견해들은 배격되어야 한다. 아가에는 주체할 수 없을 정도로 들뜬 감정, 그러한 감정으로 인하여 당하는 폭력, 사라진 연인을 애타게 그리는 마음, 헤어짐과 다시 만남의 반복, 상대의 외모에 대한 찬가, 성적 행위들에 대한 묘사, 사랑의 어두운 측면들이 지닌 위험성에 대한 엄중한 경고 등 남녀 간의 사랑의 여러 다양한 측면들이 녹아들어 있다. 이 귀한 아가가 입에 담기 부끄러운 책으로 계속 방치될 것인가, 아니면 하나님께서 주신 온전한 사랑에 대한 안내서로 귀하게 활용될 수 있을 것인가는 교회의 지혜로운 선택에 달려 있다.

제 Ⅲ 부

부 록

아 가

A. 아가의 문학적 주제들

1. 동산
2. 포도원
3. 사라진 남자를 찾아다님
4. 상사병

B. 사랑과 성에 대한 아가의 가르침

| 아 가 |

부 록

A. 아가의 문학적 주제들

아가에는 다양한 문학적 장치가 사용되고 있다. 각종 언어유희, 시적 병행법, 성적 의미를 은근하게 전달하기 위한 중의적 표현법(double entendre) 등 수준 높은 각종 히브리어의 시적 기교들이 등장한다(아가의 중의적 표현법에 대하여는 강승일, "아가에 등장하는 중의적 표현들〈double entendres〉에 대한 연구,"「신학사상」 151 (2010), pp. 5-34을 참고하라). 이러한 문학적 기교들과 함께 아가를 더욱 뛰어난 문학작품으로 만들어 주는 요소가 아가에 등장하는 다양한 문학적 주제들이다(R. E. Murphy, *The Song of Songs*, 1990, pp. 76–85).

1. 동산

아가에서 동산은 매우 중요한 의미를 지니고 있다. 동산은 아가의 연인들이 사랑을 나누는 장소일 뿐만 아니라 아가의 여주인공을 상징하기도 한다.

> [12]내 누이, 내 신부는 잠근 동산이요
> 덮은 우물이요 봉한 샘이로구나
> [13]네게서 나는 것은 석류나무와
> 각종 아름다운 과수와
> 고벨화와 나도풀과
> [14]나도와 번홍화와 창포와 계수와
> 각종 유향목과 몰약과 침향과
> 모든 귀한 향품이요
> [15]너는 동산의 샘이요
> 생수의 우물이요
> 레바논에서부터 흐르는 시내로구나
> (4 : 12－15)

동산에 있는 각종 식물들과 과실들의 풍요로운 이미지는 여인의 아름다움을 나타내는 데에 적합한 심상을 불러일으킨다. 여기에서 남자는 자신의 여인을 '잠근 동산'이라고 부른다. 아무도 이 동산에 들어가는 것이 허락되지 않았고, 오직 자신만 이 여인을 취할 수 있다는 것이다. 앞에서도 보았듯이 이러한 동산 주제는 아가와 에덴동산 이야기를 연결해 주는 요소로 여겨지기도 한다.

2. 포도원

동산과 마찬가지로 포도원도 아가에서 자주 등장하는 문학적 소재이다. 탐스럽게 익은 포도가 주렁주렁 달린 포도원은 성적인 공상을 불러일으키기 때문에 예로부터 많은 문학 작품들에서 주로 성적 행위가 이루어지는 장소로 등장하곤 했다. 그런데 아가에서 포도원은 단순한 장소의 의미를 벗어나서 여주인공 자신을 가리키기도 한다. 1 : 6을 보자.

> 6 내가 햇볕에 쬐어서 거무스름할지라도
> 흘겨보지 말 것은
> 내 어머니의 아들들이 나에게 노하여
> 포도원지기로 삼았음이라
> 나의 포도원을 내가 지키지 못하였구나

아가의 여주인공은 포도원을 지키는 일을 맡고 있다. 그런데 그녀는 이 포도원을 잘 가꾸고 지키지 못했다고 한탄한다. 이 구절에서 여인이 "나의 포도원을 내가 지키지 못하였구나"라고 하는 것은 날마다 일만 하다가 정작 자신의 여자로서의 성적 매력을 가꾸지 못했다는 아쉬움의 토로이다. 여기에서 포도원은 간접적으로 여인 자신을 가리키고 있는 것이다. 7 : 12의 포도원도 유사한 기능을 한다.

> 12 우리가 일찍이 일어나서
> 포도원으로 가서 포도 움이 돋았는지,
> 꽃술이 퍼졌는지,
> 석류 꽃이 피었는지 보자
> 거기에서 내가 내 사랑을 네게 주리라

여기에서 포도 움이 돋고, 꽃술이 퍼지고, 석류 꽃이 피는 것은 여인이 성숙하여 사랑을 받아들일 준비가 되었음을 나타내는 문학적 표현들이다. 이러한 포도원 주제는 독자로 하여금 아가 저자의 뛰어난 시적 상상력과 표현력을 감상할 수 있도록 해 준다.

3. 사라진 남자를 찾아다님

아가에 나타나는 독특한 주제 중의 하나가 바로 사라진 연인에 관한 내용이다. 이 주제는 3 : 1~5 그리고 5 : 2~8에 나타난다.

> 1 내가 밤에 침상에서
> 마음으로 사랑하는 자를 찾았노라
> 찾아도 찾아내지 못하였노라
> 2 이에 내가 일어나서 성 안을 돌아다니며
> 마음에 사랑하는 자를 거리에서나
> 큰 길에서나 찾으리라 하고
> 찾으나 만나지 못하였노라
> 3 성 안을 순찰하는 자들을 만나서 묻기를
> 내 마음으로 사랑하는 자를
> 너희가 보았느냐 하고
> 4 그들을 지나치자마자
> 마음에 사랑하는 자를 만나서
> 그를 붙잡고 내 어머니 집으로,
> 나를 잉태한 이의 방으로 가기까지
> 놓지 아니하였노라
> 5 예루살렘 딸들아

내가 노루와 들사슴을 두고
너희에게 부탁한다
사랑하는 자가 원하기 전에는
흔들지 말고 깨우지 말지니라
(3 : 1-5)

이렇게 남자가 갑자기 사라져서 여인이 그를 찾아 나선다는 내용은 쉽게 이해할 수 없는 주제이다. 아가의 연인들은 매우 깊은 신뢰를 바탕으로 배타적이고 절대적인 사랑으로 이어진 관계로 보이는데, 남자가 종종 사라져서 여인을 애타게 만들고, 더욱이 여자가 그를 찾아다니다가 성을 순찰하는 자들에게 폭행을 당하기까지 하는 장면은 독자들을 매우 당혹스럽게 만든다(5 : 7). 이 독특한 주제는 아마도 사랑이라는 것이 이상적인 측면만 있는 것이 아니라 때로 연인들을 고민하고 갈등하게 하고, 사랑에 있어서 유약하게 만들 때도 있다는 현실적인 측면을 강조하는 것일 수도 있다(Kathryn Harding, "'I sought him but I did not find him' : The Elusive Lover in the Song of Songs," *Biblical Interpretation* 16 (2008), pp. 43-59). 그러나 한편으로는 이렇게 사라진 연인에 대한 갈망은 여인의 남자를 향한 사랑이 얼마나 깊은지를 표현하기 위한 문학적 장치로 보인다. 특히 5 : 2~8에서 여자는 폭행의 위험을 무릅쓰고서도 남자를 찾아 나서는데, 이러한 여자의 행동은 그만큼 연인에 대한 사랑과 정열의 강도를 보여 주고, 그러한 남자를 향한 갈망이 다음 장면에서 남자를 만남으로 인하여 극적으로 해소되는 효과를 의도하는 것이라고 볼 수 있다.

4. 상사병

아가에 등장하는 또 하나의 특이한 주제는 바로 일종의 상사병이다. 이 사실은 2 : 5과 5 : 8을 통해 알 수 있다.

너희는 건포도로 내 힘을 돕고
사과로 나를 시원하게 하라
내가 사랑하므로 병이 생겼음이라 (2 : 5)

예루살렘 딸들아
너희에게 내가 부탁한다
너희가 내 사랑하는 자를 만나거든
내가 사랑하므로 병이 났다고 하려무나 (5 : 8)

여인은 남자를 향한 사랑에 푹 빠져 있다. 이 사랑의 감정 때문에 여인은 마치 상사병에 걸린 것처럼 되어 버렸다. 그런데 재미있는 것은 이 두 구절에서 여인은 자신이 상사병에 걸린 것을 감추려하기보다는 오히려 다른 사람들에게 알리려고 한다. 한편으로는 남자에게 자신의 사랑의 마음이 전달되어 남자를 빨리 보고 싶어서이기도 하겠지만, 다른 한편으로는 자신의 사랑을 다른 여자들에게 은근히 자랑하려는 것 같기도 하다. 여하튼 아가에는 이토록 사랑에 관련된 여러 문학적 주제들이 등장하여 완성도 높은 사랑 노래를 구성하고 있다. 이러한 주제들을 통하여 우리는 남녀의 사랑에 대한 고대 히브리인들의 다양한 관념과 문학적 상상력, 문제의식 등을 배울 수 있다.

B. 사랑과 성에 대한 아가의 가르침

성경은 기본적으로 하나님의 사랑을 말하지만 인간의 사랑, 특히 남녀 간의 사랑에 대해서도 많은 가르침을 준다. 창세기 2 : 18을 보면, 하나님은 "남자가 혼자 있는 것이 좋지 않으니, 그를 돕는 사람, 곧 그에게 알맞은 짝을 만들어 주겠다"고 하셨다. 그리고는 아담의 갈비뼈를 빼서 하와를 만들어 주셨다.

왜 하필 갈비뼈일까 하는 질문에 대한 실마리를 주는 흥미로운 수메르 문학 작품이 있다. "엔키와 닌후르상"이라는 신화인데 이 작품에서 지혜의 신인 엔키는 여신 닌후르상과 관계를 맺어서 딸을 낳는다. 그런데 엔키는 그 딸을 겁탈한다. 그 사이에서 또 다른 딸이 태어나고, 엔키는 그 딸이 성장하자 또 그녀와 관계를 맺어서 또 다른 딸이 태어난다. 이런 식으로 근친상간의 이야기가 이어진다. 엔키가 또 다른 자신의 딸 우투(Uttu)를 범했을 때 닌후르상이 와서 엔키의 정액을 우투의 몸에서 빼어 버린다. 그런데 땅에 떨어진 엔키의 정액에서 8가지의 식물이 자라나게 된다.

그런데 엔키는 이 식물이 자신의 정액에서 나온 것인지 모르고, 이 식물을 먹고자 해서 그의 사신인 이시무드를 통하여 식물들을 뽑아오게 하고, 식물들을 하나씩 모두 먹어 치운다. 화가 난 닌후르상은 엔키를 저주해서 엔키의 건강이 점점 나빠지고, 그의 신체의 여덟 부위가 병이 들게 된다. 화가 나서 떠난 닌후르상을 여우가 데려와서 엔키를 고쳐 주도록 한다. 닌후르상은 엔키의 병이 난 신체의 여덟 부분에 상응하는 치유의 여신들을 만들어서 엔키를 다시 살려준다.

엔키와 닌후르상의 이야기를 보면 태양신 우투가 물을 끌어올려 수메르의 낙원 딜문을 적시는데, 이 부분은 창세기 2 : 6에서 안개가 땅에서 올라와 온 지면을 적셨다는 내용을 연상케 한다. 그리고 엔키가 여덟 가지의 식물을 먹고 병에 걸리는 것은 아담과 이브가 선악과를 먹고 형벌을 받는 것과 유사하다.

성경에서 가장 흥미로운 부분은 하와가 아담의 갈비뼈로부터 만들어졌다는 것인데 엔키와 닌후르상의 이야기에 이에 대한 힌트가 숨어 있다. 엔키가 병든 부위 중의 하나는 갈비뼈인데, 수메르어로 갈비뼈는 '티'(ti)이다. 그리고 갈비뼈를 고치기 위해 닌후르상이 창조한 여신의 이름은 '닌-티'이다. 그런데 수메르어로 갈비뼈 외에 생명을 의미하는 단어도 똑같이 티(ti)라는 음가를 가지고 있다. 그러므로 '닌-티'는 갈비뼈의 여주인이기도 하지만, 동시에 생명의 여주인이라는 의미도 가진다. 창세기에서 하와의 이름은 '생명'을 의미한다. 하와의 이름을 성경은 '모든 산 자의 어머니'라고 풀이한다. '닌-티'와 의미상 거의 같은 이름이다.

또한 성경에서 하와는 선악과를 먹은 이후로 출산 때 고통이 심해진다. 엔키와 닌후르상 신화에서 닌후르상이 식물을 낳을 때는 9개월이 아닌 단 9일 만에, 그것도 아무런 고통 없이 매끄럽고 수월하게 낳는다. 식물을 먹기 이전에는 산통이 없었다는 것이다. 이 역시 창세기의 아담과 하와 이야기와 수메르의 신화 엔키와 닌후르상의 이야기 사이의 유사성을 엿볼 수 있는 부분이다.

필자는 대학에서 "현대인과 성서"를 가르치면서 한 번은 수업을 듣는 학생들에게 "여자가 남자의 갈비뼈로 만들어졌으니까 남자의 갈비뼈의 숫자가 여자의 것보다 하나 적다고 알고 있는 사람?" 하고 물은 적이 있다. 학생들 중 기독교인들의 상당수가 손을 들었다. 조금 벗어난 이야기이지만 이는 교회의 성경 교육이 성경의 내용이 말하고자 하는 정신과 의미보다는 성경 기록의 문자적 지식에 편중되어 있음을 보여 주는 단적인 예이다.

그렇다면 하와의 창조 이야기가 전하고자 하는 의미는 무엇인가? 일부 사람들은 여기에서 남성우월주의를 주장할 성경적 근거를 찾기도 한다. 여자는 남자의 갈비뼈 한 짝밖에 되지 않는 존재, 즉 남자에게 종속된 존재로 창조되었다는 것이다. 특히 기독교 신자들 중에서 권위주의적인 남편들이 때로 농담 반, 진담 반으로 아담과 하와의 창조 이야기를 들먹이면서 아내들에게 순종과 헌신을 강요하는 것을 자주 목격하곤 한다. 그렇다면 과연 하와가 아담의 갈비뼈로 만들어졌다는 말이 정말 여성이 남성에게 종속됨을 의미하는 것일까?

이에 대한 답은 물론 '아니오'이다. 어거스틴은 이렇게 말했다고 한다. "만약 하나님께서 여자로 하여금 남자를 지배하도록 창조하시기를 원하셨다면, 여자를 아담의 머리에서 취하여 내셨을 것이다. 또 만약에 여자가 아담의 노예가 되도록 계획하셨더라면 그녀를 아담의 발바닥뼈에서 취하셨을 것이다. 그러나 하나님께서는 여자가 남자의 돕는 자이며, 또 그와 동등한 위치로 만드시기 위하여 여자를 남자의 갈비뼈로 만드셨던 것이라"(김광률, "젊은이의 사랑과 결혼," 계재광 외 6인, 「현대인과 성서」, 1997, p. 255). 어거스틴은 성경을 정확하게 이해한 것이다. 여자가 남자의 갈비뼈로 만들어졌다는 말은 둘이 뗄 수 없는 밀접한 관계라는 것을 의미한다. 서로 한 몸과 마찬가지라는 것이다. 이 사실은 아담이 하와를 처음 봤을 때 한 말을 통해서도 알 수 있다. "이는 내 뼈 중의 뼈요, 살 중의 살이라." 아마도 최고의 사랑의 표현이리라. 이러한 맥락에서 아담과 하와 이야기에 바로 뒤이어서 "남자가 부모를 떠나 그의 아내와 합하여 둘이 한 몸을 이룰지로다"는 말이 나온다. 이것이 바로 하나님이 창조하신 인간의 사랑의 기본 원리이다.

그러나 오늘날 우리 사회의 성문화는 기독교의 사랑의 원리에서 많이 벗어나고 왜곡되어 있다. 몇 해 전에 한 유명 연예인의 커밍아웃으로 촉발된 우리 사회의 동성애에 대한 논의를 보면 상황은 우리가 생각하는 것보다 심각하다. 한 방송 프로그램에서 설문 조사한 결과에 의하면 젊은 층일수록 동성애, 또는 양성애적 성향이 두드러지게 증가한다. 50대의 경우 전체 응답자의 4퍼센트만이 동성애, 또는 양성애적 성적 지향성을 가지고 있다고 답변한데 반해, 20대의 경우 그렇게 응답한 숫자가 전체의 20퍼센트가 넘는다. 다섯 명 중 한 명꼴로 이성이 아닌 동성을 성적으로 사랑한다는 것이다. 또한 얼마 전에 청주의 한 여고에서 학생들의 성의식을 조사했는데 과반수가 '동성애는 있을 수 있다'고 답했다고 한다.

동성애적 성향이 선천적으로 생물학적인 요인에 의하여 결정되는 것인지 아닌지는 아직도 확실히 판명나지 않은 문제이다. 하지만 위의 통계 결과가 보여 주는 것은 사회적 분위기가 동성애의 확산에 어느 정도 일조한다는 것이다. 최근 우리나라에서는 동성애를 다룬 영화들과 드라마들이 대중 매체에서 자연스럽게 방영되고 있고, 이를 이전보다 더 많이 접하고 있는 젊은 세대일수록 동성애에 대한 편견이나 부정적인 인식이 많이 약화되는 것으로 분석할 수 있다.

우리 사회의 성적 소수자들에는 동성애자들만 있는 것이 아니다. 소위 트랜스젠더라고도 불리는 성전환자도 성적 소수자에 속한다. 성전환증은 육체의 성과 정신적인 성이 일치하지 않는 상태를 의미한다. 국제보건기구와 대한의사협회 모두 성전환증을 하나의 정신과적 질환으로 간주하고 있다. 성전환증의 유병율은 남자는 약 3만 명당 1명, 여자는 10만 명당 1명으로 보고된다. 대부분의 성전환자들은 사회의 음지에서 주위의 따가운 시선뿐만 아니라 법적인 불평등과 차별로 인한 갖가지 어려움을 겪으며 살아가고 있다.

이러한 성적 소수자들의 문제 이외에도 우리 사회의 성 윤리의 타락의 문제는 굳이 일일이 말하지 않아도 누구나 인식하고 있는 상황이다. 또한 왜곡된 성 의식과 적절한 성교육의 부재, 성적 소수자들에 대한 사회적 편견으로 인하여 우리나라는 OECD 국가들 중 낙태율 최고를 기록하고 있다. 상황이 이러한데도 막상 올바른 성 윤리의 확립에 앞장서야 할 교회 안에서는 성에 대한 체계적인 가르침이나 성교육, 그리고 성문제에 대한 논의조차 제대로 이루어지지 않고 있다. 아니 오히려 하나님의 성전에서 성 문제를 입에 담는 것 자체를 꺼려하고 회피하는 경향을 보이고 있다.

초기 기독교 교회로부터 오늘날까지 교회는 일반적으로 성을 부정적으로 해석해 왔다. 어거스틴이 특히 그러했다. 널리 알려졌듯이 어거스틴은 회심하기 이전에는 성적으로 무척 난잡하게 살았었다. 그리고 회심 이후에도 자기 속에서 일어나는 성적인 욕망을 사탄의 유혹처럼 생각했다. 따라서 인간의 성욕을 마치 그리스도인이 악의 세력과 싸워 이겨서 극복해야 하는 대상처럼 이해하는 경향이 있었다. 그래서 그는 성에 대하여 아주 부정적인 입장을 표출했다.

그리스 철학의 '이원론' 역시 초기 기독교 사상가들의 신학에 알게 모르게 영향을 끼쳤다. 그들은 영은 선하고, 육은 악한 것으로 보면서 육의 대표적인 욕망인 성욕을 악마적인 것으로 이해했다. 그 여파로 금욕을 통하여 하나님께 나아가고자 하는 신학적 흐름도 나타났다. 이보다는 덜 하지만 성을 부정적으로 보는 것은 종교개혁자들도 마찬가지였다. 그리고 그러한 시각은 오늘날의 교회들, 특히 보수적인 한국 교회 안에도 엄연히 존재하고 있다.

그러나 성경은 남녀의 성 자체를 부끄러운 것이나 죄악된 것으로 가르치지 않는다. 앞에서 말했듯이 남녀가 합하여 한 몸을 이루는 것은 하나님의 창조질서이고, 부부 사이에서 이루어지는 성적 결합은 생육하고 번성하라는 하나님의 인간에 대한 명령을 이루어 가는 가장 중요하고 구체적인 수단이다. 성경에서 성은 하나님의 선물이고, 가정을 이루어 자녀를 양육하는 것은 하나님의 가장 큰 축복이다.

이러한 남녀의 사랑에 대하여 노래하고 있는 책이 바로 아가이다. 아가를 남녀의 사랑 노래라고 하면 마치 신성모독처럼 여기는 사람들이 있다. 거룩한 성경에 세속적인 남녀의 사랑을 노래한 작품이 들어 있다는 것을 받아들이지 못하겠다는 것이다. 그러나 생각을 달리해 보자. 인간의 삶에서 과연 사랑과 성을 제외할 수 있을까? 사랑과 성처럼 개인의 일생과 함께하는 중요한 요소는 없을 것이다. 그렇다면 우리에게 그토록 중요한 사랑과 성에 대한 가르침이 성경에 있다는 사실에 대하여 도리어 감사해야 하지 않을까? 오히려 사랑과 성에 대한 내용이 성경에 없다면 그게 더 문제일 것이다. 이러한 점에서 아가는 성경에서 참으로 보석과 같은 책이다. 일찍이 아가의 중요성을 인식한 위대한 랍비 아키바(Aqiba)가 아가를 성경의 모든 책들 중에서 가장 거룩한 지성소와 같은 책이라고 말한 것은 의미심장하다.

하지만 남녀의 성을 거룩하신 하나님과 대치되는 것으로 보는 전통적인 시각 때문에 아가는 종종 알레고리적으로 해석되곤 했다. 사실 오늘날 우리가 아가라는 책을 읽을 수 있게 된 것은 이 알레고리 해석 덕분이라고 해도 과언은 아니다. 하지만 우리는 과연 아가를 알레고리로 보는 것이 타당한 것인가 생각해 보아야 한다. 물론 우리는 아가에서도 하나님의 사랑을 발견할 수 있다. 인간의 사랑의 근원은 곧 사랑, 그 자체이신 하나님으로부터 기인한 것이기 때문이다. 하지만 이를 알레고리와는 구별해야 한다. 알레고리는 처음부터 끝까지 본문이 말하고자 하는 바와 상관없는 이차적인 의미와 상징을 지속적으로 부여해 나가기 때문에 자의적이고 억지 해석이 될 수밖에 없다. 또 어떤 사람들은 성경에서도 남편과 아내의 관계를 통하여 하나님의 사랑을 이야기하기도 한다고 지적한다. 그 대표적인 경우가 예언자 호세아의 결혼관계이다. 호세아와 그의 아내 고멜 사이의 이야기의 핵심주제는 분명히 하나님의 이스라엘에 대한 사랑이다. 따라서 아가도 이러한 차원에서 보면 분명히 하나님의 인간에 대한 사랑을 말하고 있는 것이라고 볼 수 있다는 것이다. 물론 이는 틀린 말은 아니다. 그리고 바로 앞에서 언급했듯이 아가에서 묘사하는 남녀의 사랑을 통하여 그 근원에 계신 하나님의 사랑을 얼마든지 묵상해 볼 수 있다. 하지만 아가의 내용은 호세아의 결혼 이야기 같은 종류의 비유와는 근본적으로 다른 차원의 것이다. 아가는 남녀의 신체에 대한 묘사와 성적 행위들을 암시하는 표현들, 키스를 포함한 신체적 접촉을 애원하는 내용 등으로 가득하다. 하나님의 우리들을 향한 사랑이 핵심 주제라면 굳이 묘사할 필요가 없는 그러한 내용들이다.

대부분의 목회자들은 아마도 설교를 준비할 때에 다음과 같은 과정을 따라 할 것이다. 우선 자신이 전할 설교의 주제를 정하고, 그 설교의 주제에 부합하는 성경 본문을 찾아낸 다음, 그 본문에서 자신이 전하고자 하는 메시지를 해석해내는 순서를 거칠 것이다. 그러나 이러한 성경 읽기는 때로는 그 본문이 말하고자 하는 바는 듣지 못하고, 자신이 듣고자 하는 메시지만을 듣는 결과를 낳을 수 있다. 성경읽기의 기본은 자신의 선입견을 배제하고 그 본문이 당시의 역사적 정황에서 전달하고자 했던 의미가 무엇인지를 파악하고, 그 메시지가 오늘의 나의 상황에 어떻게 적용될 수 있는지를 탐구하는 것이다. 하지만 이 기본이 지켜지지 않을 때가 너무 많다. 우리가 아가를 대할 때도 이러한 잘못을 범하는 것은 아닌가? 아가는 하나님과 이스라엘의 사랑, 또는 예수 그리스도와 교회의 사랑에 관한 책이므로 여기에는 남녀 사이의 세속적인 사랑은 존재할 수 없다는 선입견을 가지고 아가를 대하는 것은 아닐까? 이러한 선입견을 잠시 접어두고 아가의 내용을 깊이 분석해 보면 이는 분명 남녀의 정열적이고, 헌신적이고, 지고지순하고, 애절한 사랑을 노래한 사랑노래임이 분명히 드러난다. 만일 이 사실이 분명하다면 이를 인정하고 그 다음에 하나님이 무슨 의도로 아가를 정경 안에 들어오도록 허락하셨는지, 하나님께서 아가를 통하여 우리에게 말씀하시고자 하는 바가 무엇인지를 깨달으려고 노력해야지, 우리의 생각을 가지고 아가의 성격을 미리 규정하고, 우리가 원하는 메시지만을 이끌어 내려고 해서는 안 된다는 것이다.

그렇다면 우리는 아가에서 인간의 사랑과 성에 대하여 무엇을 배울 수 있을까? 아가는 때로는 남녀의 사랑의 행위들을 노래하기도 하지만 고대 메소포타미아의 사랑 노래들처럼 직설적이고 노골적으로 묘사하지는 않는다. 오히려 고난도의 히브리어 시적 기법과 은유와 상징, 중의적 표현 등을 사용하여 남녀의 사랑의 행위들을 낭만적이고 목가적이며 전혀 부끄러울 것이 없는 아름다운 장면으로 연출하여 표현한다.

아가에는 사랑함의 기쁨과 희열, 하나님이 만들어 주신 연인의 신체 각 부분의 완벽한 아름다움에 대한 찬양, 둘 만이 늘 함께하고자 하는 강한 열망, 제아무리 높은 신분의 사람이 유혹해도 흔들리지 않을 절대적인 사랑에 대한 확신, 죽음도 두려워하지 않는 헌신적인 사랑, 성숙한 사랑을 할 때까지 기다릴 수 있는 인내심, 무책임한 사랑의 위험성에 대한 경고 등이 연인들의 입을 통하여 표현되고 있다. 이 모든 아름다운 사랑의 미덕이 아가 속에 담겨 있는 것이다. 이러한 아가는 그 자체만으로도 우리의 배우자, 연인, 가족, 주변 사람들과의 사랑에 대하여 반추할 수 있는 계기를 마련해 주는 소중한 책이다. 무엇보다도 젊은이들뿐만 아니라 성인들까지를 대상으로 포함하여 올바른 성에 관한 교육이 교회에서 이루어져야 할 필요가 대두되는 이 시점에 아가는 매우 훌륭한 사랑과 성에 대한 지침서로 활용될 수 있다.

이제 아가에서 배울 수 있는 사랑의 여러 측면들에 대하여 살펴보자.

첫째, 아가에서 노래하는 사랑은 이성 간의 사랑이다. 어쩌면 지극히 당연한 이야기 같지만 위의 통계조사 결과가 보여 주듯이 이는 이제 더 이상 모든 사람에게 적용되는 유일한 사랑의 방식이라고 말하기 힘들어졌다. 교회는 분명 우리 사회에서 일상생활에서뿐 아니라 각종 법률적 차별을 받고 있는 성적소수자들에 대한 관심을 가져야 한다. 하지만 그와 함께 교회가 앞장서서 무엇이 사랑의 정도인지를 가르쳐야 할 책임도 있다. 동성애에 관해 말하자면 한 사람이 동성애적 성향을 지니는 것과 그 욕망을 행동으로 옮기는 동성애 행위는 구별해야 함을 분명히 해야 한다. 모든 사람이 자신의 성적 욕망을 행위로 표현하고자 한다면 우리 사회의 윤리와 질서는 금세 무너지게 될 것이다. 또한 청소년들 사이에 동성애적 성향이 더 강하게 나타나는 것이 사회적 분위기에 영향을 받는 것인 만큼 교회는 건전한 성문화 정착을 위하여 대중매체에 대한 견제의 기능을 수행할 필요도 있다.

보고에 따르면 동성애를 하다가도 상담과 노력을 통하여 이전의 동성애적 성향을 버리고 이성애로 되돌아오는 사람들도 상당히 많다. 따라서 여력이 되는 교회나 또는 교단 차원에서라도 동성애자들을 위한 전문 상담소를 적극적으로 설치 운영하는 것도 필요하다. 동성애 문제로 고민하는 사람들에게 성경은 동성애를 금지하고 있음을 분명히 알려 주고, 그 대신에 아가의 내용을 바탕으로 남녀 간의 사랑이 하나님의 선물이자 축복이며, 그만큼 귀하고 아름다운 것이라는 사실을 깨닫도록 도움을 주어야 한다. 이를 알려 주는 데 있어서 아가보다 더 적절한 성경은 없다. 지금까지 아가에 대한 해석이 하나님과 인간의 사랑에 초점을 맞추어 왔다면, 앞으로의 과제는 아가가 가르쳐 주는 바람직한 남녀의 사랑의 내용을 편견 없이 정확히 이해하고, 이를 교회의 교육에서 적절하게 활용할 수 있는 방안을 모색하는 것이다.

둘째, 아가에는 상대방의 신체 각 부위의 아름다움을 각종 동식물에 비유하며 칭찬하는 내용이 곳곳에 등장한다. 잠시 아가의 연인들의 노랫소리에 귀를 기울여 보자. 먼저 남자는 사랑하는 여자의 눈, 머리털, 이, 입술, 입, 뺨, 목, 유방 등을 다양한 심상을 통하여 표현하고 있다.

1내 사랑
너는 어여쁘고도 어여쁘다
너울 속에 있는 네 눈이 비둘기 같고
네 머리털은 길르앗 산 기슭에 누운
염소 떼 같구나
2네 이는 목욕장에서 나오는
털 깎인 암양
곧 새끼 없는 것은 하나도 없이
각각 쌍태를 낳은 양 같구나
3네 입술은 홍색 실 같고
네 입은 어여쁘고
너울 속의 네 뺨은
석류 한 쪽 같구나
4네 목은 무기를 두려고 건축한
다윗의 망대 곧 방패 천 개,
용사의 모든 방패가 달린 망대 같고
5네 두 유방은
백합화 가운데서 꼴을 먹는
쌍태 어린 사슴 같구나
(4 : 1－5)

남자의 칭찬에 화답하듯 여자도 역시 사랑하는 남자의 신체의 아름다움을 노래한다. 머리로부터 시작해서 눈, 뺨, 입술, 손, 몸, 다리에 이르기까지 위에서 아래로 내려가며 남자의 몸의 각 부위를 각종 동물과 식물, 보석에 비유하며 찬사를 보내고, 마지막에는 "그(의 몸) 전체가 사랑스럽구나"라고 고백하고 있다.

10 내 사랑하는 자는 희고도 붉어
많은 사람 가운데에 뛰어나구나
11 머리는 순금 같고
머리털은 고불고불하고
까마귀같이 검구나
12 눈은 시냇가의 비둘기 같은데
우유로 씻은 듯하고
아름답게도 박혔구나
13 뺨은 향기로운 꽃밭 같고
향기로운 풀언덕과도 같고
입술은 백합화 같고
몰약의 즙이 뚝뚝 떨어지는구나
14 손은 황옥을 물린
황금 노리개 같고
몸은 아로새긴 상아에
청옥을 입힌 듯하구나
15 다리는 순금 받침에 세운
화반석 기둥 같고
생김새는 레바논 같으며
백향목처럼 보기 좋고

[16]입은 심히 달콤하니
그 전체가 사랑스럽구나
예루살렘 딸들아
이는 내 사랑하는 자요
나의 친구로다
(5 : 10－16)

부부관계 세미나 같은 모임에서 일반적으로 부부관계의 회복을 위하여 가장 중요한 요소라고 강조하는 것은 무엇보다도 상대방에 대한 칭찬을 많이 하라는 것이다. 특히 상대방의 외모에 대한 칭찬이 생각보다 중요하다. 무뚝뚝한 한국 남자들이 익숙하지 못한 것이 바로 이 부분인데, 아가의 연인들에게서 배울 점이 많다. 여자친구나 아내가 예쁜 옷을 입거나, 못 보던 목걸이나 귀걸이를 했을 때, 머리를 새로 했을 때 같은 경우 간단한 칭찬의 말 한마디는 상대방에 대한 관심의 표현이 되고, 둘 사이의 관계를 돈독히 하는데 도움이 된다. 오늘 당장 위에 인용된 아가의 연인들의 노래처럼 자신의 연인의 외모에 대한 찬가를 나름대로 만들어 실행해 보는 것은 어떨까?

셋째, 아가는 젊은이들에게 성숙한 사랑을 이룰 수 있을 때까지 기다릴 줄 알아야 한다고 권고한다. 아가 2 : 7에는 다음과 같은 말이 있다.

예루살렘 딸들아
내가 노루와 들사슴을 두고
너희에게 부탁한다
내 사랑이 원하기 전에는
흔들지 말고 깨우지 말지니라

본문 주석부분에서도 이 구절을 상세하게 다루고 있지만, 여기에서 노루와 들사슴은 하나님의 명칭을 넌지시 암시하고 있는 말이다. 즉, 아가의 주인공은 예루살렘의 여자들에게 하나님의 이름으로 맹세를 요구하고 있는 것이다. 그 맹세의 내용은 "내 사랑이 원하기 전에는 흔들지 말고 깨우지 말지니라"이다. 이 말이 마치 "사랑하는 나의 연인이 잠을 자고 있으니 깨우지 말라"는 말로 들린다면 이는 우리말 번역의 문제라고 할 수 있다. 이 구절의 의미는 "모든 사랑에는 적절한 때가 있으니 그때가 이르기 이전에는 억지로 사랑을 시도하려고 하지 말라"는 것이다. 한창 열애 중인 아가의 연인들은 사랑이라는 것은 단순한 감정 이상의 인격적인 성숙과 인내, 그리고 기다림이 필요한 것임을 깨달은 듯하다. 그리고 이 깨달음을 주위의 젊은이들에게 알려 주고 싶었을 것이다.

필자가 아는 한 목사님께서는 "사랑은 감정이 아니라 의지"라고 늘 강조하셨다. 감정은 시간이 지나면 식기 마련인데 감정이 식은 이후에는 그 사람을 하나님이 주신 사람으로 인식하고 더욱 사랑하려는 의지적인 노력이 있어야 온전한 사랑의 관계가 유지될 수 있다는 것이다. 공감이 가는 말이다. 특히 결혼한 지 오랜 시간이 지난 부부들이나 권태기를 겪고 있는 부부들이 깊이 생각해 볼 대목이기도 하다. 사랑을 유지하는 데는 우리의 노력이 필요하다. 노력은 없이 감정만 좇아 사랑의 대상을 찾아다니는 많은 현대인들에게 아가는 또 하나의 귀한 사랑에 대한 가르침을 주고 있다.

넷째, 아가의 연인들은 그 어떠한 외부적인 요소와 유혹에도 흔들리지 않을 만큼 서로의 사랑에 대한 확신을 가지고 있다. 이 확신은 상대방을 이 세상 무엇과도 바꿀 수 없는 소중한 존재로 인식하는 데서 기인한다. 남자는 2 : 2에서 이렇게 말한다.

> 여자들 중에 내 사랑은
> 가시나무 가운데 백합화 같도다

다른 모든 여자들은 가시나무에 불과할 뿐이고, 오직 자신이 사랑하는 여인만이 그 가운데 유독 아름다운 백합화와 같다는 말이다. 이에 화답하듯 2 : 3a에서 여자는 남자를 이렇게 비유한다.

남자들 중에 나의 사랑하는 자는
수풀 가운데 사과나무 같구나

여자는 바로 앞에서 남자가 했던 말을 받아서 자신이 사랑하는 애인도 마치 수풀 가운데 우뚝 솟은 탐스러운 사과나무처럼 수많은 남자들 중에 군계일학이라고 칭송한다. 이토록 깊은 사랑을 바탕으로 한 관계는 이제 배타적이고 독점적인 사랑의 확신으로 발전한다.

내 누이, 내 신부는 잠근 동산이요
덮은 우물이요 봉한 샘이로구나
(4 : 12)

본문 주석에서도 보듯이 잠언 5 : 16은 본 절의 해석에 도움을 준다.

어찌하여 네 샘물을 집 밖으로 넘치게 하며
네 도랑물을 거리로 흘러가게 하겠느냐
(잠 5 : 16)

여기에서 샘물과 도랑물이 한 남자의 아내를 가리킨다는 사실을 근거로 보면, 아가 4 : 12의 우물과 샘도 같은 절의 동산과 마찬가지로 여인을 비유하고 있는 것임이 틀림없다. 그런데 이 동산의 문은 잠겨 있고, 우물은 덮여 있고, 샘은 봉해져 있다. 다른 남자는 그 어느 누구도 이 여인에게 접근할 수 없다는 것이다. 6 : 2에 따르면 이 동산에 들어가서 자유롭게 양 떼를 먹이며 백합화를 꺾는 자는 오직 아가의 남자 주인공뿐이다.

내 사랑하는 자가
자기 동산으로 내려가
향기로운 꽃밭에 이르러서
동산 가운데에서 양 떼를 먹이며
백합화를 꺾는구나

이제 우리는 연인들의 사랑고백의 진수를 듣게 된다.

내 사랑하는 자는 내게 속하였고
나는 그에게 속하였도다
(2 : 16a)

이렇게 서로가 서로에게 속하였다는 절대적인 사랑의 고백은 6 : 3과 7 : 10에서도 반복되어 나타난다. 아가의 연인들은 서로가 서로 안에 있음을 발견하면서 이토록 지속적이고 반복적으로 서로의 사랑을 확인해 나간다.

특히 사랑하는 여인에 대한 남자의 자부심은 대단하다.

솔로몬 너는 천을 얻겠고
열매를 지키는 자도 이백을 얻으려니와
내게 속한 내 포도원은 내 앞에 있구나
(8 : 12)

"솔로몬 너는 천을 얻겠고"라는 표현은 솔로몬의 후궁과 첩들의 숫자가 천 명이었다는 성경의 기록을 기억나게끔 한다. 솔로몬이 각지에서 왕궁으로 데려온 아름다운 여인들 천 명을 다 주어도 자신이 사랑하는 한 여인과 바꿀 수 없다는 말이다. 또한 솔로몬은 자신의 여인들을 포도원지기에게 맡길 정도로 여인들에게 많은 관심을 주지 못했지만, 아가의 남자는 자기의 여인을 자신이 항상 직접 돌보고, 아끼고, 사랑할 것이라고 말하고 있는 것이다.

우리는 우리의 연인 또는 배우자를 어떻게 생각하고 있는가? 지금부터 수천 년 전 팔레스타인 땅에서 사랑을 고백하던 아가의 주인공들처럼 우리도 우리의 배우자를 세상에서 가장 존귀한 사람으로 날마다 고백하며 살아가고 있는가? 우리의 사랑은 무너지지 않을 튼튼한 성처럼 서로 간의 사랑과 신뢰를 바탕으로 이루어져 있는가? 오늘 우리는 과연 이 질문에 어느 정도 확신을 가지고 답할 수 있는지 생각해 보아야 한다.

“나는 당신에게 속하였고, 당신은 나에게 속하였소.” 이러한 고백으로 맺어져 있는 사랑의 관계는 그 어떤 외부의 유혹에도 흔들리지 않는다. 여기에는 제삼자가 끼어들 여지조차 없다. 사랑 그 자체는 무한한 포용성을 지니고 있다. 하지만 남녀의 사랑만큼은 배타적이어도 좋다. 아니 배타적이어야 한다. 이 배타성이 둘의 사랑을 흔들림 없이 견고하게 지켜 주는 중요한 요소이기 때문이다.

마지막으로, 아가는 무책임한 사랑에 대하여 경고하고 있다. 아가는 사랑의 긍정적인 측면만 말하고 있는 것이 아니다. 아가는 일그러진 사랑이 가져올 수 있는 위험성에 대한 경고를 빼놓지 않고 있다. 일부 아가에 대해 편견을 지닌 사람들은 아가가 자유연애를 주창한다고 생각한다. 아가의 주인공 남녀의 아무 거리낌 없는 성적 표현들과 행동들은 특히 젊은이들의 무분별한 성적 일탈을 방조한다는 것이다. 하지만 이는 전혀 사실이 아니다. 8장 9절을 보자.

그가 성벽이라면 우리는
은 망대를 그 위에 세울 것이요
그가 문이라면 우리는
백향목 판자로 두르리라
(8 : 9)

본 절은 아가의 여주인공의 오빠들이 자신들의 여동생을 생각하며 하는 말이다. 이 말의 의미는 다음과 같다. 만일 여동생이 아직 남자와 관계를 맺지 않은 처녀, 곧 성벽이라면 그 성벽 위에 망대를 세워 여동생을 남자로부터 더 굳건히 지키겠다는 말이다. 또한 만일 여동생이 남자들이 자유롭게 드나드는 문과 같이 성적으로 방탕한 여자라면, 판자로 그 문을 둘러막아 남자들의 출입을 금하겠다는 것이다. 아가는 이렇게 개인들의 무분별한 성적 행동을 부정적으로 보며, 이를 사회적으로 통제해야 할 필요성을 암시하고 있다. 아가에는 뜻밖에도 이렇게 성에 대하여 매우 보수적인 입장도 나타나고 있다.

아가를 통하여 깨닫게 되는 사랑의 위험성 중의 하나는 정도를 넘어설 정도로 지나친 감정이 소비되는 일방적 사랑은 때로 사람의 몸과 마음을 위약하게 만들기도 한다는 것이다.

예루살렘 딸들아
너희에게 내가 부탁한다
너희가 내 사랑하는 자를 만나거든
내가 사랑하므로 병이 났다고 하려무나
(5 : 8)

사랑의 감정이 통제 불능 상태가 되면 도리어 마음의 질병, 분노, 질투, 공격성 등 다양한 부정적인 방식으로 나타날 위험이 있다. 사랑이라는 것은 그 사랑이 공격받을 때는 그만큼 강렬한 저항으로 무서운 결과를 불러오기도 한다.

너는 나를 도장같이 마음에 품고
도장같이 팔에 두라
사랑은 죽음같이 강하고
질투는 스올같이 잔인하며
불길같이 일어나니
그 기세가 여호와의 불과 같으니라
(8 : 6)

이 구절이 말하는 것처럼 사랑이라는 것은 때로는 죽음도 어찌할 수 없을 만큼 강한 힘을 가지고 있다. 자신의 목숨을 내던지면서까지 자식을 구하는 부모의 사랑, 그 어떤 고난과 위협에도 굴하지 않고 끝까지 함께하는 연인의 사랑……. 이러한 사랑은 죽음도 갈라놓을 수 없는 "죽음같이 강한" 사랑이다.

반면에 사랑하는 당사자들은 사랑이 깊을수록 이 사랑을 훼방하는 자, 이 사랑을 음해하는 자, 이 사랑을 이용하려는 자, 이 사랑을 가로채려는 자를 향해서는 격하게 반응한다. 그들의 사랑을 침해당한 사람들이 이러한 훼방꾼들을 향해 품는 질투는 모든 것을 빨아들이는 저승의 세력처럼, 그리고 모든 것을 태워버리는 불길처럼 무섭고도 잔인한 형태로 표출된다.

아가의 저자는 책의 마지막 부분에서 사랑에 대한 자신의 단상을 아래와 같이 노래한다.

많은 물도 이 사랑을 끄지 못하겠고
홍수라도 삼키지 못하나니
사람이 그의 온 가산을 다 주고

사랑과 바꾸려 할지라도
오히려 멸시를 받으리라
(8 : 7)

사랑은 꺼지지 않는 불처럼 강렬하다. 그 불은 강물도, 홍수도 견뎌 낼 수 있다. 오늘 우리는 물질만능주의 시대에 살고 있다. 그런데 사랑도 과연 돈으로 살 수 있을까? 청소년과 젊은이들이 근래에 점차로 흔해지는 재계 재벌들과 유명 연예인들의 결합을 보면서 그 당사자들의 진심과는 상관없이 돈으로 사랑을 살 수 있다고 생각하게 될까 걱정이다. 하지만 사랑과 돈의 관계에 대한 문제는 오늘날에만 해당되는 사항이 아닌 듯하다. 아가의 저자는 사랑의 가치를 그 어떠한 물질로도 살 수 없는 것이라고 강조하여 말하고 있다. 더 나아가 이러한 고귀한 사랑을 돈으로 사려고 시도하는 자는 멸시를 받게 될 것이라고 경고한다. 이 내용이 아가의 제일 마지막에 위치한 것으로 보면 아가의 저자는 이 세상 무엇과도 바꿀 수 없는 고귀한 사랑의 가치를 자신이 젊은이들에게 줄 수 있는 사랑에 대한 가장 중요한 가르침이라고 생각했던 것 같다.

"당신은 사랑받기 위해 태어난 사람"이라는 노래가 말하듯이 사람이란 사랑하고, 사랑받고, 사랑으로 맺어진 관계 속에서 살아가는 존재라고 할 수 있다. 인간은 사랑 안에서 온전한 인격체로 자라고, 사랑을 하면서 성숙해 가며, 사랑을 통해서 자신을 향한 하나님의 사랑도 발견할 수 있게 된다. 이성간의 사랑도 사랑의 한 방식이며, 한 인간의 일생에서 가장 중요한 요소 중의 하나라고 말할 수 있다. 하나님과 인간의 사랑에 관한 내용이 주를 이루는 성경에 남녀 간의 사랑에 관한 아가와 같은 책이 정경으로 들어와 있다는 것은 아무리 생각해 보아도 하나님의 섭리요 축복이 아닐 수 없다.

아가는 때로는 남녀의 사랑의 행위들을 노래하기도 하지만 고대 메소포타미아의 사랑 노래들처럼 직설적이고 노골적으로 성행위를 묘사하지는 않는다. 오히려 고난도의 히브리어 시적 기법과 은유와 상징, 중의적 표현 등을 사용하여 남녀의 사랑의 행위들을 낭만적이고 목가적이며 전혀 부끄러울 것이 없는 아름다운 장면으로 연출하여 표현한다.

앞에서 살펴보았듯이 아가에는 사랑함의 기쁨과 희열, 하나님이 만들어 주신 연인의 신체 각 부분의 완벽한 아름다움에 대한 찬양, 둘만이 늘 함께 하고자 하는 강한 열망, 제아무리 높은 신분의 사람이 유혹해도 흔들리지 않을 절대적인 사랑에 대한 확신, 죽음도 두려워하지 않는 헌신적인 사랑, 성숙한 사랑을 할 때까지 기다릴 수 있는 인내심, 무책임한 사랑의 위험성에 대한 경고 등이 연인들의 입을 통하여 표현되고 있다. 이 모든 아름다운 사랑의 미덕이 아가 속에 담겨 있는 것이다. 아가는 우리로 하여금 하나님이 인간에게 허락하신 사랑을 누리고, 그 안에서 참된 기쁨을 찾도록 유도하며, 또한 헌신적인 사랑의 숭고함을 배울 수 있도록 안내해 주는 역할을 한다. 이러한 아가는 그 자체만으로도 우리의 배우자, 연인, 가족, 주변 사람들과의 사랑에 대하여 반추할 수 있는 계기를 마련해 주는 귀중한 책이다. 무엇보다도 젊은 이들뿐만 아니라 성인들까지를 대상으로 포함하는 올바른 성에 관한 교육이 교회에서 이루어져야 할 필요가 대두되는 이 시점에 아가는 매우 훌륭한 사랑과 성에 대한 지침서로 활용될 수 있을 것이다.

이제 한국 교회는 아가라는 책의 성격과 본질을 다시금 진지하게 되짚어 보고, 이 책이 우리에게 가르쳐 주는 바가 무엇인지, 그리고 이 책을 교회 현장에서 어떻게 활용할 것인지에 대하여 지속적인 연구와 논의를 해야 할 필요가 있다. 그리고 본 주석이 그러한 논의의 시발점이 되기를 기대해 본다.

| 참고문헌 |

김구원. 「가장 아름다운 노래 – 아가서 이야기」. 서울 : CLC, 2011.

김영진. 「가장 아름다운 노래 아가서」. 서울 : 하늘기획, 2010.

김광률. "젊은이의 사랑과 결혼." 계재광 외 6인, 「현대인과 성서」. 대전 : 글누리, 1997.

민영진. 「전도서/아가」. 대한기독교서회 창립 100주년 기념 성서주석 20. 서울 : 대한기독교서회, 2009.

우택주. "마르제악 제도와 죽의 자를 위한 제의 : 비교" 「구약논단」 제8집 (2006), pp. 103–132.

클레르보의 버나드. 「나는 들의 꽃 골짜기의 백합화, 클레르보의 버나드의 아가서 묵상집(3)」. 서울 : 은성, 1996.

Albright, William F. "Archaic Survivals in the Text of Canticles." In *Hebrew and Semitic Studies Presented to Godfrey Rolles Driver*, pp. 1–7. Edited by D. W. homas and W. D. McHardy. Oxford : Clarendon, 1963.

__________. *Yahweh and the Gods of Canaan : A Historical Analysis of Two Contrasting Faiths*. Garden City : Double day, 1968.

Clines, David J. A. "Why Is There a Song of Songs and What Does It Do to You If You Read It?" In *Interested Parties : The Ideology of Writers and Readers of the Hebrew Bible*. pp. 94–121.

Sheffield : Sheffield Academic Press, 1995.

Cooper, Jerrold S. "New Cuneiform Parallels to the Song of Songs." *Journal of Biblical Literature* 90 (1971). pp. 157-162.

Exum, J. Cheryl. *Song of Songs : A Commentary.* The Old Testament Library. Louisville, KY : Westminster John Knox Press, 2005.

Falk, Marcia. "The Song of Songs." In *Harper's Bible Commentary*, pp. 525-528. Edited by James L. Mays. San Francisco : Harper & Row, 1988.

Fox, Michael V. *The Song of Songs and the Ancient Egyptian Love Songs.* Madison, Wisconsin : The University of Wisconsin Press, 1985.

Freehof, S. B. "The Song of Songs. A General Suggestion." *Jewish Quarterly Review* 39 (1948-49). pp. 397-402.

Gaster, T. H. "Canticles 1.4." *Expository Times* 72 (1961), p. 195.

Gerleman, Gillis. *Ruth, Das Hohelied.* Neukirchen-Vluyn : Neukirchener, 1965.

Ginsburg, Christian D. *The Song of Songs : Translated from the Original Hebrew with a Commentary, Historical and Critical.* London, 1857 ; reprint ed., The Song of Songs and Coheleth. New York : KTAV, 1970.

Gledhill, T. *The Message of the Song of Songs.* Downers Grove, IL : InterVarsity, 1994.

Good, Edwin M. "Ezekiel's Ship : Some Extended Metaphors in the Old Testament." *Semitics* 1 (1970), pp. 79-102.

Gordis, Robert. *The Song of Songs : A Study, Modern Translation, and Commentary.* New York : Jewish Theological Seminary, 1954.

__________. "The Root דגל in the Song of Songs." *Journal of Biblical Literature* 88 (1969), pp. 203-204.

Goulder, Michael D. *The Song of Fourteen Songs*. Journal for the Study of the Old Testament. Supplement Series 36. Sheffield : Sheffield Academic Press, 1986.

Hallo, William W., ed. *The Context of Scripture*, vol. I : Canonical Compositions from the Biblical World. Leiden : Brill, 2003.

Harding, Kathryn. "'I sought him but I did not find him' : The Elusive Lover in the Song of Songs." *Biblical Interpretation* 16 (2008). pp. 43－59.

von Hug, J. L. *Das Hohe Lied in einer noch unversuchten Deutung*. Freyburg, Constanz : Herder, 1913.

Jacobsen, Thorkild. *The Harps that Once... : Sumerian Poetry in Translation*. New Haven : Yale University Press, 1987.

Joüon, P. *A Grammar of Biblical Hebrew*. Translated and Revised by T. Muraoka. 2 vols. Rome : Editrice Pontificio Istituto Biblico, 1991.

Keel, Othmar. *The Song of Songs : A Continental Commentary*. Translated by Frederick J. Gaiser. Minneapolis : Fortress Press, 1994.

Kramer, Samuel N. "The Biblical 'Song of Songs' and the Sumerian Love Songs." *Expedition* 5 (1962). pp. 25－31.

__________. *History Begins at Sumer : Thirty－Nine Firsts in Recorded History*. 박성식 역. 「역사는 수메르에서 시작되었다」. 서울 : 가람기획, 2000.

Landy, Francis. "The Song of Songs and the Garden of Eden." *Journal of Biblical Literature* 98 (1979), pp. 513－528

Longman, Tremper. *Song of Songs*. The New International Commentary on the Old Testament. Grand Rapids, MI : Wm. B. Eerdmans Publishing Co., 2001.

Meek, T. J. "Canticles and the Tammuz Cult." *American Journal of Semitic Languages and Literature* 39 (1922－1923). pp. 1－14.

Moldenke, Harold N. *Plants of the Bible*. Waltham, MA : Chronica Botanica, 1952.

Murphy, Roland E. *The Song of Songs : A Commentary on the Book of Canticles or The Song of Songs*. Minneapolis : Fortress Press, 1990.

Norris, Richard A. *The Song of Songs : Interpreted by Early Christian and Medieval Commentators*(Grand Rapids : William B. Eerdmans Publishing Company, 2003).

Patmore, Hector. "'The Plain and Literal Sense' : On Contemporary Assumptions about the Song of Songs." *Vetus Testamentum* 56 (2006), pp. 239－250.

Pope, Marvin H. *Song of Songs : A New Translation with Introduction and Commentary*. Anchor Bible 7C. Garden City, NY : Doubleday & Company, Inc., 1977.

Ringgren, Helmer. *Das Hohe Lied*. Göttingen : Vandernhoeck & Ruprecht, 1967.

Rudolph, Wilhelm. *Das Buch Ruth, Das Hohe Lied, Die Klagelieder*. Gütersloh : Gerd Mohn, 1962.

Schoville, Keith N. "The Impact of the Ras Shamra Texts on the Study of the Song of Songs." Ph.D. dissertation, University of Wisconsin–Madison, 1969.

Slomovic, Elieser. "Toward an Understanding of the Formation of Historical Titles in the Book of Psalms." *Zeitschrift für die alttestamentliche Wissenschaft* 91 (1979), pp. 350－380.

Smith, Mark S. *The Rituals and Myths of the Feast of the Goodly Gods of KTU/CAT 1.23 : Royal Constructions of Opposition,*

Intersection, Integration, and Domination. Atlanta : Society of Biblical Literature, 2006.

Stadelmann, L. *Love and Politics : A New Commentary on the Song of Songs*. New York : Paulist, 1990.

Stoop-van Paridon, P. W. T. *The Song of Songs : A Philological Analysis of the Hebrew Book*. Louvain : Peeters, 2005.

Trible, Phyllis. "Depatriarchalizing in Biblical Interpretation." *Journal of the American Academy of Religion* 41 (1973). pp. 30-48.

Tur-Sinai, N. H. *The Tongue and the Book*. Jerusalem : Bialik Institute, 1950.

Vaccari, Alberto. "Note critiche ed esegetiche." *Biblica* 28 (1947). pp. 394-406.

Wetzstein, J. G. "Die syrische Dreschtafel." *Zeitschrift für Ethnologie* 5 (1873), pp. 270-302.

Wright, J. Robert. ed. *Proverbs, Ecclesiastes, Song of Solomon*. Ancient Christian Commentary on Scripture. Downers Grove, IL : InterVarsity Press, 2005.

Würthwein, Ernst. *Ruth, Das Hohe Lied, Esther*. Tübingen : Mohr, 1969.

| 한국장로교총회창립 100주년기념 표준주석 |

구약

집필부분	집필자
창세기	김중은 박사
출애굽기	이종록 박사
레위기	정중호 박사
민수기	김진명 박사
신명기	김회권 박사
여호수아	강사문 박사
사사기/룻기	허성군 박사
사무엘상·하	김선종 박사
열왕기상·하	김태훈 박사
역대상	배희숙 박사
역대하	함 택 박사
에스라/느헤미야	민경진 박사
에스더	이미숙 박사
욥기	하경택 박사
시편	이승현 박사
잠언	천사무엘 박사
전도서	채은하 박사
아가	강승일 박사
이사야	조성욱 박사
예레미야	강성열 박사
예레미야애가	박동현 박사
에스겔	이은우 박사
다니엘	배정훈 박사
호세아/요엘	김정철 박사
아모스	최인기 박사
오바댜/요나	김유기 박사
미가	오택현 박사
나훔/하박국/스바냐	윤동녕 박사
학개/스가랴/말라기	김근주 박사

신약

집필부분	집필자
마태복음	최재덕 박사
마가복음	차정식 박사
누가복음	오덕호 박사
요한복음	김문경 박사
사도행전	이 달 박사
로마서	장흥길 박사
고린도전서	조광호 박사
고린도후서	박흥순 박사
갈라디아서	이종윤 박사
에베소서	석원식 박사
빌립보서/빌레몬서	김덕기 박사
골로새서	김철홍 박사
데살로니가전·후서	김형동 박사
디모데전·후서/디도서	박종기 박사
히브리서	소기천 박사
야고보서	이승호 박사
베드로전·후서	왕인성 박사
요한 1·2·3서/유다서	최흥진 박사
요한계시록	김춘기 박사

Presbyterian Church of Korea Standard Commentary